CONTOS MÁGICOS DA ÍNDIA

MARIE LOUISE BURKE

CONTOS MÁGICOS DA ÍNDIA

Editora Teosófica
Brasília-DF

Advaita Ashrama
5, Dehi Entally Road
Calcutta 700 014

EDITORA TEOSÓFICA
SGAS Quadra 603, Conj. E, s/nº
70.200-630 - Brasília-DF - Brasil
Tel.: (61) 3322-7843
Fax: (61) 3226-3703
E-mail: editorateosofica@editorateosofica.com.br
Site: www.editorateosofica.com.br

B 959

Burke, Marie Louisie

Contos mágicos da Índia / Marie Louisie Burke
Tradução: Marly Winckler - Brasília
Editora Teosófica, 2012
2 ed.

Tradução de: Vedantic Tales
ISBN 8585961-12-0

1. Literatura juvenil
2. Raja Yoga, Discipulado, Teosofia

CDD 828.8

Capa: Fernando Lopes
Composição/Diagramação: João Batista Martins da Silva
Equipe de Revisão: Ângela Maria Hartmann
Carlos Cardoso Aveline e
Zeneida Cereja da Silva
Impressão: Gráfika Papel e Cores - Fone: (61) 3344-3101
E-mail: papelecores@gmail.com

Sumário

Prefácio da Edição Brasileira 7

Prefácio da Edição Indiana.................................. 9

1. O Discipulado de Hari, o Leão...................... 11

2. O Aprendizado Espiritual de Sri Nag,
a Cobra Naja.. 35

3. Ajay, o Gavião-pescador que era Discípulo........ 61

4. O Comprimido Azul.. 83

5. O Ladrão e o Viajante.................................. 101

6. Niranjan, o Erudito.. 125

Prefácio da Edição Brasileira

Esta obra reúne seis parábolas fascinantes sobre o aprendizado espiritual. O leitor descobrirá os segredos do discipulado místico na história de Hari, o leão órfão, filho adotivo de uma família de carneiros, que encontra um dia seu Mestre espiritual. E saberá dos sofrimentos do aprendizado de Sri Nag, a cobra venenosa que atemorizou uma aldeia muito tempo, mas em determinado momento decidiu buscar a Deus sobre todas as coisas.

As parábolas deste livro falam do caminho da sabedoria e mostram como ele é trilhado na prática. A linguagem simples, aparentemente dedicada aos jovens, permite que durante a leitura pessoas de qualquer idade mantenham a mente em perfeito repouso. Com o cérebro calmo e relaxado, o leitor percebe imediatamente a verdade interna, sem perder energia na interpretação de textos complicados. As parábolas falam diretamente ao coração, e este livro magistralmente escrito é uma contribuição significativa para que o leitor possa aproximar-se da verdade espiritual sem pressa e sem perda de tempo.

Os Editores

Brasília, 25 de outubro de 1996.

Prefácio da Edição Indiana

Os contos e as parábolas têm sido populares em todas as épocas e países, entre homens e mulheres, jovens e velhos, ricos e pobres, cultos e ignorantes. Tanto a literatura indiana antiga quanto a moderna são muito ricas em contos e parábolas. O *Ramayana*, o *Mahabharata*, os *Puranas*, o *Hitopadesha*, o *Panchatantra* e muitos outros livros similares estão repletos de histórias extremamente populares na Índia até hoje. Profetas, santos e sábios sempre lançaram mão de contos e parábolas para transmitir ensinamentos éticos e morais ao grande público.

Em *Contos Mágicos da Índia*, Marie Louise Burke (*Sister Gargi*) reconta em linguagem simples seis histórias fascinantes da antiga literatura vedanta, belamente ilustradas por Brahmacharini Prajna. Apesar de dirigidas principalmente a crianças e adolescentes, estas histórias interessantes serão apreciadas igualmente por seus pais. Se estas histórias ajudarem os jovens a compreender e gostar desta preciosa herança, inspirando-os e elevando-os em mente e espírito, consideraremos nosso esforço editorial amplamente recompensado.

Os Editores
Advaita Ashrama
Mayavati, Himalaias
24 de agosto de 1989

1

O Discipulado de Hari, o Leão

A mãe ovelha, que havia alimentado Hari e cuidado dele em seus primeiros anos de vida, esquecera que ele não era seu filho, sendo, na verdade, filho de uma leoa. Não apenas a mãe, mas todo o rebanho havia esquecido as circunstâncias extraordinárias do nascimento de Hari, apesar disso ter sido testemunhado por quase todos.

Na época do nascimento de Hari, um pânico momentâneo espalhou-se no coração do rebanho, como era de se esperar. Foi um acontecimento inusitado e alarmante. Naquele dia particular, os carneiros estavam pastando, balindo e seguindo uns aos outros, perfeitamente felizes, quando apareceu, às margens da floresta que fazia limites com a campina, uma leoa castanho-amarelada. Ela parou farejando o ar, olhando para o rebanho com um sorriso curioso entre os lábios — meio desesperado, meio esperançoso. A leoa não se sentia bem. O corpo estava inchado e a respiração ofegante. Não era jovem; não comia há dias; estava prestes a dar à luz e, além disso, seu coração não estava nada bem. Lenta e dolorosamente se aproximou do rebanho, sem desviar os olhos dele.

Os carneiros não se deram conta logo de que estavam sendo atacados. A leoa estava praticamente em cima deles quando, um após outro, viraram-se para olhar para ela. Durante vários segundos não houve reação, mas, de repente, começou uma correria maluca e confusa, com todos balindo ao mesmo tempo. A leoa lambeu os beiços com impaciência e desdém. Não tinha forças nem vontade de persegui-los pela campina. "Seus patetas", rosnou.

Procurou uma ovelha apetitosa e logo encontrou uma que lhe pareceu boa. A ovelha ficou imóvel, olhando para a leoa. Acontece que, meia hora atrás, havia nascido seu filhote. Estava agora tão dividida entre o impulso de sair correndo e o impulso de proteger o filhinho que nada pôde fazer. Ficou parada, respirando com dificuldade.

A leoa aproximou-se agachada e deu um salto no ar jogando o corpo na direção da ovelha, aparentemente inerte. Então, de repente, o longo movimento em arco foi interrompido, como se partido em dois, e o enorme corpo amarelo caiu com uma pancada surda em cima do filhote, errando o alvo. A ovelha fechou os olhos por uns instantes.

Em poucos segundos Hari saiu do corpo da leoa, cego, indefeso e tremendo por causa da queda. A mãe já estava morta e de nada adiantou ele se aconchegar e choramingar, pois não recebeu nenhum alimento. Desistiu e andou pela grama, movido pelo estômago, miando e virando a cabeça de um lado para outro. Logo chegou perto da ovelha, que ainda não se mexera; estava completamente atordoada. Contudo, destinada a prover comida a Hari de uma forma ou de outra e, em obediência a uma vontade infinitamente maior que ela, deitou-se ao toque suave e suplicante e o alimentou.

Quando o medo passou, o rebanho reuniu-se em torno do estranho grupo: Hari, a mãe adotiva, a leoa e o carneirinho mortos. E todo o rebanho baliu.

Tente esquecer-se disso, querida.

"Que susto! Pensei que o mundo ia acabar!"

"É um milagre que ninguém tenha-se ferido."

"Ainda estou tremendo. Olhei para cima e vi este monstro amarelo!"

"Tente esquecer-se disso, querida. De nada adianta ficar pensando nisso".

Os carneiros não tiveram dificuldade de seguir este conselho e, depois de comentarem uns com os outros o que tinha acontecido por mais alguns momentos, voltaram a pastar e tudo foi rapidamente esquecido. Até mesmo a mãe adotiva de Hari logo ficou com a impressão de que ela tinha de fato lhe dado à luz. Para dizer a verdade, ele parecia um pouco baixo, mas era adorável.

À medida que Hari cresceu, seus companheiros de brincadeiras começaram a queixar-se dele às suas mães.

"Ele me bateu", eles exclamavam.

"Batam nele também", as ovelhas baliam.

Mas este conselho não parecia funcionar e a única alternativa era não incluí-lo nos jogos, com o que, para dizer a verdade , ele não se importava muito.

Assim, desde o início, Hari foi solitário. Apesar dos carneiros não perceberem claramente que ele não era um deles, sentiam que ele era diferente. Eles o achavam peculiar e, por isso, não gostavam dele.

"Ele é esquisito", diziam às suas costas. "Ele me dá uma sensação estranha, uma espécie de arrepio na espinha. É tão *rude*!"

Os carneiros mais espertos chegaram à conclusão de que ele era desajustado e decidiram ter pena dele.

O próprio Hari não fazia idéia de que não era um carneiro. Ele nunca se olhara de forma objetiva. Tudo o que sabia é que não gostava dos outros carneiros e que eles não gostavam dele. A vida parecia-lhe incômoda e sem sentido. Ele passou a deitar-se um pouco afastado do grupo e, olhando à distância, perguntava-se:

"O que significa tudo isso? Pastar, balir e seguir uns aos outros... Por quê? Com que finalidade?"

Ele costumava fazer estas perguntas à mãe e ela lhe respondia que se parasse de andar no mundo da lua algum dia seria um membro útil da comunidade e pai de muitos cordeirinhos. Ele considerava todas as respostas muito insatisfatórias.

"Mas, por que eu nasci?" — ele insistia.

"Ora, é a vontade do céu, Hari", ela respondia irritada. "Há pastos e mais pastos para serem podados e você pergunta por que nasceu! Eu, às vezes, não sei qual é o seu problema." Mas, no fundo do coração a mãe ovelha amava o estranho filho e o defendia dos outros. "Ele é diferente", ela dizia. E ficava muito magoada ao ver que se olhavam e nada diziam.

"Por que você não pode ser normal, querido?" — ela implorava. "Eu sei que você gosta de ficar sozinho, mas isso é tão esquisito. Os carneiros ficam falando de você."

Quase nada do que a mãe de Hari dizia era verdade, mas, apesar disso, ele tinha grande consideração pelos seus conselhos. Sem dúvida, a felicidade e o sentido das coisas está em fazer parte da comunidade e ser normal. Portanto, ele fazia o melhor que podia para se misturar com os demais e não pensar. No início foi difícil. Ele percebia que quando se aproximava todos ficavam em silêncio: saíam, um por um, e formavam um círculo separado dele. Isso dava-lhe uma sensação de fracasso.

"Ninguém gosta de mim", disse à mãe.

"Não seja bobo, querido", ela respondeu. "Você é igual a qualquer um. Só não lhes dá chance de gostarem de você. Precisa se misturar mais."

Todas estas afirmações eram verdadeiras. Hari podia comer mais grama e balir mais alto do que ninguém. Ele só não era bom em ir atrás dos outros. O segredo da felicidade, decidiu, deve estar em segui-los, e isso requer persistência.

Portanto, determinou-se a andar com os outros, sem importar-se que o tratassem mal. Forçou-se a juntar-se ao grupo que se reunia pela manhã do lado oeste das árvores e à tarde a leste. E quando o grupo saía, ele os seguia, balindo normalmente, como os outros, em volta das ovelhinhas recém-nascidas e na área da pastagem.

Quando o grupo saía, ele os seguia.

Lentamente se tornou tão normal e respeitável quanto qualquer carneiro. Quando chegou a época, filiou-se ao Clube dos Carneiros e passou a tomar parte das discussões sobre o sabor da grama e o mérito dos jovens cordeirinhos.

Esta última causava-lhe uma inexplicável repugnância, que considerou anormal e esforçou-se para superar. Ria tão alto como qualquer cordeiro e contava histórias muito melhor. E, embora qualquer coisa sobre sexo o desgostasse, ninguém percebia. Escondia isso até de si próprio, dizendo não ter aparecido ainda a ovelha certa. Apesar de essa falta de interesse não ser inteiramente normal num carneiro jovem, era algo bastante aceitável. Nesse meio tempo, Hari falava grosso e, longe de ser evitado, era procurado.

Para dizer a verdade, as ovelhas ainda percebiam que ele era fora do comum, mas isso agora se tornara uma vantagem.

"Ele é tão engraçado!" — elas diziam.

"Que personalidade!" — orgulhava-se a mãe.

Mas, para Hari, havia algo terrivelmente errado. Na verdade, a vida agora era pior do que antes, quando ele ficava deitado na grama sozinho. À noite não podia dormir e uma certeza, uma mistura de dor e escuridão, pesava sobre ele. Era a certeza de que ainda era diferente, de que não tinha encontrado um sentido para a vida e de que, em parte alguma, no céu ou na terra, havia um lugar para ele. Era uma solidão sem resposta.

A mãe de Hari ensinara-lhe a rezar, quando ele era filhote. Depois disso deixou de falar em religião. Assim, na mente de Hari, Deus estava associado à infância e ele pensava ser tudo isso uma bobagem. Mais que isso, sua mãe dissera-lhe que Deus era um Carneiro enorme, com grande capacidade, que podia conduzir o rebanho a pastagens verdejantes e dar-lhes conforto, desde que fossem bons membros da comunidade. Mas ninguém jamais tinha visto esse Carneiro, e Ele parecia muito improvável a Hari. Quanto a pastagens verdejantes e mais conforto, ele não queria nada disso.

'Não existe Nada', disse a si mesmo, deitado, sem sono, à noite. 'Nada, nada, nada.' E esse nada era escuro, um espaço sem fim, dentro e fora. 'Eu queria estar morto. Não queria ter nascido.' Mas esse desejo parecia sem sentido, pois, se ele estivesse morto, ainda assim haveria o Nada. 'Mas, pelo menos, eu não saberia disso; não me importaria', pensou. Mas isso era inconcebível: não saber. Morto ou vivo, ainda haveria algo ou alguém que saberia sobre o nada. Haveria conhecimento do vazio para todo o sempre.

'Deus. Deus. Deus', lamentava-se Hari. Não queria o Deus-Carneiro. Não sabia o que queria. 'Deus. Deus. Deus', continuava dizendo.

Assim Hari passava as noites. De dia, tentava manter as aparências, ocultando o buraco negro dentro de si. Ria, contava piadas e flertava com as ovelhinhas adolescentes e invariavelmente deixava-as de coração partido. À medida que o tempo passava, ele se tornou cada vez mais afoito e impetuoso. As ovelhas começaram a sacudir as cabeças e a cochichar.

"Eu sempre disse que havia algo estranho nele", diziam umas às outras.

A mãe começou a observá-lo com olhos tristonhos. "Você deveria casar-se, Hari", balia.

'Deus. Deus. Deus.' Hari repetia à noite como se chamasse não sabia o quê ou a quem, e ele nem esperava que alguém respondesse. Era como se o vazio escuro que havia dentro e fora dele estivesse por si mesmo pedindo para ser preenchido de algum modo.

E, assim, os dias e as noites passavam e pareciam intermináveis. Balindo, pastando, seguindo; seguindo, pastando, balindo; e o indescritível vazio chamava cegamente: 'Deus. Deus. Deus.'

Então, numa noite enluarada, Hari ouviu um estalido de galhos na floresta que margeava a campina. Virou a cabeça na direção do barulho e, de repente, viu um vulto destacado das sombras escuras, recortado contra a luz da lua. Tinha uma cabeça imponente, um corpo esbelto, e os olhos, que olhavam para Hari, eram duas luas. Hari cravou os olhos nele, pois nunca havia visto um ser tão belo, tão sereno, tão seguro de si. Sua postura era a de alguém que não precisava de nada mais além de si mesmo e, no entanto, era como se fosse o dono de toda a terra. Um pensamento rápido surgiu na mente de Hari: 'Então há algo mais... algo além do que conheço...' Era uma esperança. Mas, ao mesmo tempo, pensou: 'Deve ser um leão, o Rei das Feras.' E ao pensar nisso, lembrou-se que os carneiros deviam temer os leões. E ficou com medo. Levantou-se e preparou-se para correr mas, nesse instante, o leão desapareceu na floresta, deixando atrás de si um vazio tão grande que Hari deu um grito de dor. Sentiu um desejo irracional de ser devorado por um leão. 'Melhor ser devorado. Muito melhor ser devorado por uma criatura assim do que não vê-la jamais. Que tolice ter ficado com medo!'

O resto da noite e todo o dia seguinte Hari pensou no leão. 'Existe *aquilo*!' — ficou pensando. 'Algo além do que conheço! Algo mais belo do que o Deus-Carneiro, se é que o Deus-Carneiro existe. Algo Real!' Não mencionou a experiência ao rebanho. Era algo muito sagrado. Além disso, ele nem percebia mesmo os carneiros. Só desejava ver o leão outra vez.

Hari esperou toda a noite seguinte. Mas o leão não veio. A lua e as estrelas sumiram no céu e a aurora despontou, revelando a campina fútil e sem graça. Tudo era exatamente como sempre tinha sido, mas agora o pesar e a solidão de Hari eram maiores do que nunca. O sol levantou-se e ele enfiou a cabeça entre as patas, que lhe pareciam cascos fendidos, e lamentou-se. 'Afinal não passou de um sonho. Como sou bobo!'

Mas, subitamente, ouviu um ruído de galhos e lá estava o leão na beira da floresta: não como Hari o tinha visto antes, não uma forma escura, entre as sombras, mas um Ser dourado, pulsante. Sua juba espessa e o tufo de pêlos na ponta da cauda captavam os raios da luz da manhã e cintilavam. Os olhos eram como dois sóis. Hari arquejou e se levantou. O que tinha visto antes não era nada comparado a isso. O leão o olhou e em seus olhos de sol havia uma compaixão que parecia penetrar até o fundo da alma de Hari, uma compaixão que conhecia e compreendia tudo. E nas profundezas daqueles olhos, Hari sabia, estava a resposta que buscava. Era Algo brilhante e verdadeiro.

Durante vários segundos Hari e o leão ficaram olhando um para o outro. Então, o leão deu um passo para a frente e, de repente, Hari sentiu uma pontada de medo na boca do estômago. Tentou lembrar-se do quanto havia desejado ser devorado; mas ver o leão frente a frente era outra coisa. O leão deu mais um passo. Hari virou-se e correu.

O sofrimento de Hari depois disso foi indescritível. 'Perdi a única coisa que amei na vida por causa desse medo estúpido e covarde. Bobo! Bobo! Bobo!' Ele estava convencido de que o leão nunca mais voltaria. E, por várias semanas o leão não voltou. Hari sabia que estava não apenas condenado, mas muito pior, autocondenado à Não-Existência.

Então, num belo dia o leão reapareceu. Era meio-dia. O rebanho estava, como sempre, comendo grama e mastigando e não perceberia o intruso se Hari não sentisse sua presença no momento exato em que saiu da floresta para a campina aberta.

"Leão!" — gritou, tão grande foi sua alegria e surpresa.

Para o rebanho este grito era alarmante. Foi um corre-corre medonho, todos os carneiros espalharam-se, balindo espavoridos. Mas Hari ficou parado e esperou. Embora sentisse medo, aprendera que há coisas piores do que ser devorado por um leão. Ficou ali, tremendo da cabeça aos pés e esperou. O leão ignorou os carneiros que corriam de um lado para o outro e dirigiu-se diretamente para onde Hari estava. Parou tão perto dele que Hari podia sentir o cheiro agradável de sua respiração. Mesmo assim não se mexeu. Fechou os olhos e retesou-se, esperando a mandíbula negra entrar em sua carne e os dentes brancos o rasgarem.

O leão deu mais um passo.

De repente, ouviu um rugido suave e baixo, como um trovão distante. "Qual é o problema?" — perguntou o leão.

Hari abriu os olhos e viu-se outra vez em frente aqueles olhos compassivos e penetrantes. Estava claro que não ia pular nele, somente estava oferecendo sua amizade. Sentiu vontade de chorar como nunca fizera antes — nem mesmo quando era criança.

"Não sei, senhor", respondeu com uma voz baixinha.

"Você é um leão. O que está fazendo aqui no meio dos carneiros? Por que está com medo?"

"Sou um carneiro, senhor". Hari corrigiu timidamente.

"Você é um leão!" — rosnou o leão. Era como o estrondo de um trovão sobre sua cabeça.

"Sim, senhor." Hari baliu e deu um passo para trás. Começou a chorar.

O leão o olhou com bondade e meneou a cabeça.

"Isso está mal", disse como se falasse consigo mesmo. "Bem, meu filho, vamos ver. Eu vivo no meio da floresta. Venha visitar-me e nós poderemos conversar de novo. Isto é, se você quiser."

"Oh, sim, senhor", disse Hari com um soluço.

O leão sorriu. "Muito bem", respondeu. Virou-se e dirigiu-se de volta à floresta.

Hari continuou chorando o resto do dia. Toda vez que se recordava dos olhos do leão tinha uma crise de choro. Era como se algo tivesse entrado em seu vazio e se precipitasse em lágrimas. Ao mesmo tempo, nunca se sentira tão feliz em toda a sua vida.

Na manhã seguinte, antes do sol nascer, levantou-se e começou a colher os melhores trevos da campina. Não os comeu, juntou-os delicadamente na boca para oferecer ao leão. Então, sem despertar o rebanho, embrenhou-se na floresta, onde sua mãe dissera-lhe para nunca se aventurar. Esse tinha sido o conselho mais sério que ela lhe dera, tão sério que não se falava mais nisso, pois se tornara uma lei, como *não-ande-por-aí-sozinho* ou *não-coma-carne*.

A floresta estava escura, formas sombrias moviam-se entre as árvores. Estranhos ruídos pareciam ameaçá-lo e isso encheu seu coração de terror. Não conseguia abrir a boca para balir, nem cerrar os dentes para revestir-se de coragem, pois estava com a boca cheia de trevos macios. O medo deixou sua boca muito seca mas, por estranho que pareça, estava contente. Isso mantinha os trevos fresquinhos e agradáveis para o leão.

Mas logo lhe ocorreu que não sabia exatamente para onde estava indo. Surgiu em sua mente uma imagem de si mesmo. Era muito vívida: um carneirinho frágil, vulnerável, perdido na floresta terrível e proibida. E para piorar ainda mais sua difícil situação, entrar na floresta tinha sido uma atitude deliberada de sua parte. Sentia-se muito ansioso. Pensou no rebanho ainda dormindo em uma campina segura e acolhedora, livre de toda preocupação, que ele, de certo modo, estava traindo. Sentiu uma onda de carinho e saudade da mãe, de quem não havia nem mesmo se despedido. E pensou no leão, que falara realmente como um louco: "Você é um leão!" Era uma loucura. Uma grande loucura.

Não obstante, Hari continuou entrando cada vez mais na floresta. Logo depois, o sol levantou-se e a luz dispersou-se através das folhas. Ele devia estar correndo há quase uma hora e, com certeza, estava próximo do coração da floresta, onde vivia o leão. Então, foi assaltado outra vez pelo temor: e se o leão tivesse esquecido? E se ele risse? Pela primeira vez Hari se deteve. 'Sou um bobo', pensou. 'Por quê motivo um leão iria falar com um carneiro? Ele estava só caçoando de mim.' E, de repente, perdeu toda a força para seguir em frente. Tremia da cabeça aos pés, num calafrio paralisante. Os trevos na boca lhe pareciam absurdos. 'Ele vai rir. Oh, como sou bobo. Um carneiro bobo, um bobo.'

Mas ele desejava tanto ver, pelo menos mais uma vez, os olhos dourados do leão que se obrigou a dar mais dez passos a esmo. 'E se ele rir', pensou; 'Ora, ainda assim eu o terei visto.'

Então, como num passe de mágica, através da luz do sol e das sombras, o leão surgiu na sua frente resplandecente e mais bonito do que Hari se lembrava.

"Bem, bem", ele disse. "Então você veio. Muito bem."

De repente, o coração de Hari incendiou-se de alegria e todo o medo desapareceu, como se nunca tivesse existido. Curvou-se e depositou os trevos aos pés do leão.

"É para você", disse tímido.

"Não precisava se incomodar." O leão sorriu e comeu a pilha de trevos até a última folhinha, enquanto Hari observava e sentia-se infinitamente mais satisfeito e contente do que se estivesse ele mesmo comendo.

"Obrigado", disse o leão ao terminar.

Hari sentiu o sangue subir-lhe às faces e sussurrou: "Obrigado *a você*."

O leão olhou-o com bondade. "Bem", perguntou, "está disposto a ficar?"

Hari ficou de boca aberta. Esperava que o leão o deixasse ficar um pouco mais, uma meia hora ou algo assim, mas era tudo o que tinha planejado.

"Acho que tenho de voltar até a hora do almoço", respondeu.

"Como assim?"

"O Clube dos Carneiros tem uma reunião hoje e, bem, minha mãe vai ficar preocupada."

"Ora, esqueça isso!" — rugiu o leão. "Você é um leão! Fique longe dos carneiros."

"Mas, senhor, é minha gente", baliu Hari. "Precisam de mim."

"Para quê?" — perguntou o leão.

"Ora, eu faço eles rirem e se sentirem felizes e lá é meu lugar. É meu dever", acrescentou vivamente.

O leão lambeu os beiços. "Muito bem", disse friamente, "volte então. Mas não espere me ver outra vez." E olhou para o lado, como se o problema não fosse dele.

Hari ficou em silêncio, sem se mexer. Sabia, no fundo de seu ser, que nunca mais deixaria o leão, apesar de parecer impossível a um carneiro até mesmo pensar em tal idéia. Sua vida com o rebanho, toda a segurança e o conforto passaram por sua mente; e mais uma vez ele viu a imagem incongruente e patética de um carneirinho numa floresta estranha e aterradora. Mas a primeira imagem era sem o Leão; e a segunda com o Leão. E o Leão era Algo que ele sempre havia procurado.

"E então?" — perguntou o leão depois de algum tempo. "Já se decidiu?"

"Sim, senhor", respondeu Hari. "Por favor, me deixe ficar."

O leão sorriu. “Vem comigo.” Conduziu-o a um lago tranqüilo, entre as árvores. “Chegue aqui perto e olhe para a água. O que vê?”

Ele viu dois magníficos leões de cara grande e um grosso colar de pelos dourados em torno da cabeça.

“Vejo dois leões”, respondeu. “O senhor e outro igual ao senhor, porém menor.”

“Você é o outro”, disse-lhe o leão. “É o seu reflexo. Como vê, você é um leão.”

Então explicou que Hari era um leão de verdade e não um carneiro, como pensava. E, quando terminou, Hari disse:

“Mas, senhor, se sou um leão como é que sou um carneiro?”

“Você não é um carneiro”, o leão respondeu em alto e bom tom. “Estou lhe dizendo: você é um leão.”

“Mas...”, Hari começou.

“Não tem nada de ‘mas’”, o leão rugiu e pisou firme no chão fazendo a água tremer. Hari também tremeu.

“Sim, senhor”, ele disse. Entretanto, terminou a frase para si mesmo: ‘...eu *sou* um carneiro.’

O leão olhou fixamente para ele e rugiu: “Se você *quer* ser um carneiro, por que veio até aqui? Pode voltar se quiser. Vai se sentir melhor lá fora.” E começou a afastar-se.

“Oh, não, senhor!” — Hari o chamou. “Por favor, senhor.” O leão voltou.

“O que quer?” — perguntou sério. “Decida-se.”

Não tem nada de "mas".

Hari pensou por um longo tempo. Na verdade, ele gostaria de ser um leão, mas isso estava além de todas as possibilidades. O reflexo na água era maravilhoso e podia ser verdadeiro para leões, mas não para um carneiro. Ainda assim, ele não queria continuar a ser um carneiro como fora até agora. Quem sabe um carneiro com uma mistura de leão: sim, era isso!

"Quero ser um carneiro bom e forte, senhor", disse e achou que isso soara muito bem.

Mas o leão tinha empinado a cabeça e o olhava firme. "Quer dizer então que você quer ser um carneiro bom e forte. Muito bem! Volte para a campina e seja um carneiro. Floresta não é lugar para um carneiro bom e forte. Floresta é lugar de leões. *Leões*! Entende?" Enquanto falava, seu pêlo resplandeceu e ficou luminoso e faíscas flamejaram dos olhos. Ele era a pura majestade.

Hari ficou arrasado. O melhor, o mais forte, o mais bonito carneiro do mundo seria como uma sombra ao lado de um leão verdadeiro. Nada mais era digno de existir.

"Posso ser um leão?" — perguntou trêmulo.

"Você tem alguma alternativa?" — respondeu o leão.

"Não, senhor", e quase ia dizendo 'mas...', porém ficou calado. Em vez disso, pediu: "Por favor, senhor, me ensine."

O leão sorriu e olhou para as árvores, esquecendo-se aparentemente da existência de Hari. Hari ficou ali parado, meio sem jeito, olhando para ele, esperando que se lembrasse dele outra vez.

Depois de um longo tempo, o leão o olhou. "Tudo bem", disse. "Agora, medite em sua verdadeira natureza. Repita: Eu sou um leão. Eu sou um leão." Tente não balir muito. E observe seu reflexo todos os dias.

"Sim, senhor", disse Hari. E ele sabia ter entregue sua vida nas mãos do leão e nada mais grandioso do que isso podia acontecer a um carneiro. Seu coração ficou cheio de uma alegria radiante, impossível de expressar em palavras. Prostrou-se aos pés do mestre.

"Agora viva aqui comigo e faça como lhe disse", ordenou o leão.

Assim, todas as manhãs, ao romper do dia, e todas as tardes, ao pôr-do-sol, Hari sentava-se às margens do lago para meditar. Às vezes, sua mente divagava nos assuntos de carneiros. Passavam em sua cabeça fragmentos das conversas que mantinha no Clube dos Carneiros e memórias carinhosas da mãe chegavam a ele. Mas, gradualmente, tais pensamentos tornaram-se cada vez mais vagos e ele conseguia controlar a mente. "Eu sou um leão. Eu sou um leão", repetia. Tentou isso dando ênfase diferente às palavras para dar-lhes uma entonação de rugido: "*Eu* sou um leão. Eu *sou* um leão. Eu sou um *leão*." Mas, nada mudara: ele ainda era um carneiro — porém um carneiro que começava a sentir-se em casa na floresta, que no começo parecera-lhe tão estranha e temível. Quando ele não estava meditando, olhava-se no lago e estudava seu reflexo ou, melhor, sentava-se e olhava profundamente para os olhos dourados do mestre e sentia estar olhando para a própria eternidade. E estava sempre pronto para servir o leão, antecipando suas mínimas necessidades. Às vezes o Leão contava-lhe histórias da floresta e de outros leões. Às vezes, ralhava com ele por causa de seus hábitos de carneiro, os olhos flamejavam como fogo e o rugido era como um trovão; mas ele nunca o deixava só. Aqueles foram dias felizes.

Então, certa manhã, inesperadamente, o leão rugiu para ele com o pior rugido que Hari tinha ouvido até então.

"Pare com esse balido! Pare de comer grama! O que há com você? Seja um leão!"

Hari baixou a cabeça: "Não posso", baliu.

"Então fique longe de mim! Não quero mais ver sua cara. Não me siga." Virou as costas e afastou-se. E ficou fora por dias e dias. Isso era como a morte.

E agora, em seu pesar, pela primeira vez, Hari desejou de todo o coração ser um leão. Viu que a felicidade de ser um carneiro aos pés de um leão não podia durar. E ficou envergonhado de ter-se contentado com isso: era uma fraude. 'Tenho que me tornar um leão', disse consigo mesmo, somente assim posso obedecer verdadeiramente ao meu mestre. O desejo cresceu como fogo dentro dele. 'Não vou ser um carneiro.' Parou de comer grama e, portanto, parou de comer. 'Vou ser um leão ou morrer.' Meditou com tanta seriedade que uma vez ou duas sentiu a presença do Leão ali por perto, tão perto como nunca o tinha sentido. Mas, quando abria os olhos, o Leão não estava ali. Seu pesar e seu desejo não conheciam fronteiras.

Então, certo dia, tão inesperadamente como havia partido, o leão retornou, brilhando como o sol entre as árvores escuras. Em sua boca carregava um naco de carne vermelha, gotejante.

"Senhor!" — gritou Hari e prostrou-se.

Sentiu-se grande e poderoso.

O leão aproximou-se dele e, sem cumprimentá-lo, colocou a carne diante de seu nariz.

“Coma!” — ordenou.

E, embora Hari soubesse que estava quebrando irrevogavelmente o elo final com sua espécie, fez como lhe foi dito: afundou os dentes na carne vermelha e sentiu o gosto do sangue.

Então algo maravilhoso aconteceu. Sentiu uma vertigem na cabeça e raios de luz penetraram em seu corpo. Uma força enorme fluiu através de cada nervo. Sentiu-se grande e poderoso. A sensação de ser leão permeou cada célula de seu ser. Tomou consciência de sua juba espessa, de seus dentes brilhantes, de seu corpo forte e flexível; ficou ciente de sua realeza. E sabia, sem sombra de dúvida, que o reflexo no lago era seu e que aquela luz dourada brilhando por trás dos olhos do mestre era seu próprio Eu.

E, de repente, ele rugiu.

2

O Aprendizado Espiritual de Sri Nag, a Cobra Naja[1]

Sri Nag vivia com a esposa, Uma, e os três filhos, nas proximidades de uma aldeia de Bengala. A família era próspera, pois Sri Nag era um excelente chefe de família, perito em caçar ratos e outros animais pequenos, e imbatível em sua capacidade de afastar intrusos de seus domínios. O território que comandava era um campo grande, no centro do qual havia um pequeno templo de pedra, habitado no passado pelo Senhor Shiva[2], mas, agora, apenas por Sri Nag e sua família. Há muito tempo atrás, os ancestrais de Sri Nag e do Senhor Shiva habitavam o templo em perfeita harmonia, até que os aldeões, com medo das cobras, pararam de ir até lá prestar culto. Um templo novo foi construído além dos limites da propriedade de Nag e a imagem simbólica de Shiva foi transladada para lá. Sua remoção do lar ancestral de Nag foi motivo de profunda tristeza para a família — um pesar transmitido através das gerações.

---

1 As cobras Najas são um gênero de ofídios venenosos que vive no sul da Ásia. Seu pescoço dilata-se quando o animal enraivece. (N. da ed. bras.)

2 Shiva — Deus hindu, o Destruidor e Renovador. (N. da ed. bras.)

A linhagem de Sri Nag estendia-se até um passado muito remoto. Ele era o produto perfeito de séculos, se não milênios, de sua estirpe. Seu comprimento passava de 1 metro e 80 centímetros, era forte e ágil; seu largo capelo — parte do corpo que vem logo depois da cabeça — tinha uma marca preta redonda em ambos os lados, o que lhe dava uma aparência de ameaça permanente. Quando levantava a parte frontal do corpo e abria o capelo em toda sua gloriosa e plena amplitude, era uma visão realmente formidável, que incutia terror no coração de quem quer que ousasse chegar perto. Poucos ousavam. Sri Nag, cuja velocidade era tão grande como sua beleza ameaçadora, podia alcançar facilmente um invasor, cravar as longas presas em uma perna nua e injetar seu veneno na ferida. Orgulhava-se de dizer que mais de um aldeão havia morrido por ter-se perdido em seu campo.

Um dia de primavera, Sri Nag, Uma e os três filhos jovens estavam de manhã cedo deitados ao sol em todo o seu comprimento, inalando a energia vital sagrada, o prana. De repente, Sri Nag percebeu uma vibração na terra — passos vindos da aldeia. Ficou possesso de raiva.

"Vá pra dentro, querida", ordenou à esposa. Obedientemente, Uma deslizou para a entrada do templo, seguida pelos filhos.

Sri Nag enrolou o corpo como uma corda de aço; elevou a parte frontal do corpo e, ereto como um mastro, abriu o poderoso capelo e esticou a longa língua preta para sentir o ar e detectar que tipo de tolo seria o intruso. Ele esperava ser agredido pelo cheiro de medo, o cheiro podre de pânico que sempre sentia nestas circunstâncias. Invariavelmente, reagia a isso dando um bote sobre a fonte do mau cheiro. Agir assim não requeria decisão; era uma tradição da família, que se perdia na memória e se mantinha inviolada em seu próprio sangue.

Mas, hoje, para seu assombro, não sentiu o odor familiar; nem mesmo o mais leve traço de medo atacou seus sentidos; em vez disso, sentiu uma fragrância incomum. Mesmo assim, Sri Nag manteve a postura ameaçadora, alerta.

O intruso — um jovem monge corajoso, de cabeça raspada, vestindo uma tanga e carregando um cajado comprido — continuou a aproximar-se. Logo parou, a um meio metro de distância de Sri Nag, e o olhou por um momento em silêncio. Então falou:

"O que pensa que está fazendo, Sri Nag?" — perguntou ele, com uma autoridade na voz que a naja jamais ouvira.

"O senhor está invadindo meu território", respondeu Sri Nag surpreendendo-se com a qualidade suave e não sibilante de sua própria voz. "E como é que você sabe meu nome?" — perguntou recobrando a dignidade.

"Quem é que não sabe?" — respondeu o *sadhu*[3]. "Pelo que entendi, você é o terror da aldeia." Sri Nag inclinou um pouco o peito. "Fui aconselhado a não passar por aqui."

"E por isso veio."

---

[3] *Sadhu* — no Hinduísmo, um homem santo, asceta. (N. da ed. bras.)

"Exatamente, meu bom Nagji[4]; por isso vim. E repito: o que é que você acha que está fazendo?"

Sri Nag sentiu o capelo relaxar um pouco. Um sentimento caloroso de amizade, ao qual não estava acostumado, desceu sobre ele. Mais um vez estirou a língua e sentiu uma fragrância deliciosa, sutil.

"Estou simplesmente defendendo meu território, meu lar e minha família", respondeu, "como fizeram meus ancestrais antes de mim, desde o início dos tempos."

"Prejudicando os aldeões? *Matando-os*?" — perguntou o *sadhu*.

"Como assim?"

"Você devia envergonhar-se," afirmou o saniasi[5] sério. "Seja lá o que for que seus ancestrais fizeram, nada disso justifica as suas ações. Você tem que fazer o mesmo que eles faziam? Você não é o seu próprio mestre?"

"Sou mestre deste campo", respondeu Sri Nag e ergueu-se um pouquinho, retesando novamente o capelo.

"Sei", disse o *sadhu*.

"...desde aquelas árvores, a oeste," continuou Sri Nag, "passando por aquele lago, a leste, até aquele arrozal a..." Percebeu que o jovem monge estava rindo dele como se ri de uma criança orgulhosa, mas adorável, do modo como ele mesmo já rira de seus filhos. Suas palavras perderam força.

---

[4] *Nagji* — o sufixo *ji* é colocado depois dos nomes, na Índia, para indicar respeito. (N. da ed. bras.)

[5] Saniasi — asceta hindu que vive em retiro e pratica a renúncia completa do mundo terreno e mundano. (N. da ed. bras.)

"Sei", disse outra vez o *sadhu*.

De repente, Sri Nag sentiu-se insuportavelmente pequeno e absurdo. Percebeu que o jovem *sadhu* possuía uma força muito maior que a sua. Fechou o ridículo capelo. Ao longe, na vasta imensidão do céu, soaram as notas cristalinas do canto de uma cotovia. Não havia nenhum outro som.

Então, subitamente, Sri Nag perguntou: "Senhor, como posso ver Deus?"

Na terra onde Sri Nag havia nascido, era costume fazer esse tipo de pergunta a um santo. Mas Sri Nag não perguntou por ser costume. Havia um poder, uma luminosidade em torno do santo que sugeria uma resposta verdadeira, e Sri Nag sentiu necessidade de uma resposta verdadeira. Surgiu nele uma aspiração, profundamente arraigada, mas presente em sua raça desde os dias remotos em que seus ancestrais perderam o contato estreito e amoroso com o Senhor Shiva.

O *sadhu* olhou-o atentamente. "Não é fácil ver Deus", disse. "Antes de tudo, é preciso adquirir domínio sobre si mesmo."

Sri Nag suspirou. A esta altura ele havia abaixado a parte frontal do corpo; jazia prostrado aos pés do monge, cuja aura de serenidade o envolvia. Ele disse em voz baixa, pois era uma naja profundamente honesta: "Senhor, não sou capaz de dominar-me. Ajo levado por uma força maior que eu. Nossas tradições familiares têm uma força extremamente constrangedora. O que posso fazer?" Reclinou a cabeça sobre os pés do saniasi e suplicou: "Por favor, ensine-me."

Por favor, ensine-me.

Novamente houve silêncio. Sri Nag sentiu dentro de si uma revolução, sentiu que estava transformando-se, casca após casca. Por fim, o *sadhu* falou.

"Seja forte", disse. "Não ataque ninguém. É verdade que existem forças poderosas operando dentro de você, mas elas nada são comparadas ao poder infinito do seu verdadeiro Eu. Seja uma verdadeira Naja! O domínio de seus impulsos é algo muito maior do que obedecê-los e ser mestre deste campo. Isso não é domínio algum. É escravidão! Vou dar-lhe um mantra." Entoou algumas palavras em sânscrito e pediu a Sri Nag para repeti-las com ele. "Repita-o em voz alta toda vez que sentir o impulso de atacar. Pode fazer isso?" Abaixou-se e passou a mão na cabeça de Sri Nag. A naja sentiu um tremor percorrer seu longo corpo.

"Sim", sussurrou, muito comovido para dizer mais alguma coisa.

"Muito bem", disse o saniasi. "Agora preciso partir. Passarei por aqui dentro de um ano para ver como você está. Adeus, meu filho." E afastou-se a passos largos, desaparecendo entre as árvores.

Sri Nag ficou deitado num canto escuro do templo por várias semanas, feliz da vida, repetindo o mantra. Não comeu nada. Ainda podia sentir o toque da mão do *sadhu* em sua cabeça, inundando-o de uma alegria serena. Mas, aos poucos, bem devagar, o toque perdeu sua proximidade, sua intensidade. Começou a sentir-se extremamente inquieto, como se a vida que estava tentando levar não fosse natural, fosse quase um faz-de-conta, uma pose. Ficou deprimido. De vez em quando saía para tomar sol, mas o calor, outrora tão revigorante, não lhe servia mais de alento. "O que estou fazendo?" — perguntava-se. Mas a única resposta era que estava obedecendo às palavras do guru; e isso era o bastante. Continuou a repetir o mantra por pura força de vontade, algo que, diga-se de passagem, ele tinha bastante.

Não havia passado muito tempo quando um dos meninos mais travessos da aldeia percebeu que Sri Nag não era mais o mesmo. Esse menino tinha o hábito de ir até o templo abandonado e atirar pedras até a naja enfurecida aparecer e sair em seu encalço. O menino sempre calculava bem a distância e sempre conseguia fugir. No passado, meninos menos espertos tinham sido perdedores nesse esporte, o que lhe conferia, é claro, intensa excitação. Mas, nessa manhã, Sri Nag não saiu raivoso do templo como de costume. Talvez esteja fora caçando, pensou o menino e foi embora, frustrado. Mas no dia seguinte, e ainda no próximo, não houve resposta: a cada dia o menino, e agora alguns amigos seus, aventuravam-se a chegar mais perto, atirando pedras. Nada. Embora soubessem que Sri Nag não era de brincadeira ou de ficar de tocaia, pois era uma naja muito correta, avançaram lenta e cautelosamente, até que um dia, afinal, chegaram até a porta do templo. Ali, na grama alta, viram Sri Nag deitado de bruços, olhando para eles sem piscar. Fugiram apavorados. Mas a naja não saiu em seu encalço.

Daí em diante, por vários dias seguidos, os meninos aproximaram-se de Sri Nag da mesma forma cautelosa. Ele não se movia, nem mesmo para entrar no templo. Esperaram um pouco e começaram a atirar pedras nele. A pontaria deles era boa e os braços jovens eram como estilingues. Ouviram um som murmurante e cadenciado que vinha de Sri Nag, mas ele continuava quieto. Os meninos acharam que a naja estava doente e viram a chance de praticar mais maldades. O líder, o mais antigo e atrevido inimigo de Sri Nag, pegou-o pela cauda, rodopiou-o várias vezes no ar e atirou-o no chão. Cada um dos meninos, cinco ao todo, fez o mesmo, até que, finalmente, ao ouvir um sussurro sibilado pela naja, que julgaram ser o suspiro final do corpo alquebrado e inerte, o abandonaram para morrer, rindo enquanto se afastavam. Apenas o líder sentiu uma pontada de arrependimento, pois agora seu esporte favorito tinha acabado. Sri Nag ficou deitado, imóvel, algum tempo, depois se arrastou lentamente até um canto escuro do templo.

Eles, finalmente, chegaram até a porta do templo.

"Oh, meu querido marido", exclamou Uma ao vê-lo. "O que lhe fizeram? Por que não saiu ao encalço deles? Por que não deu um bote neles? Até eu podia ter feito isso!"

Sri Nag sacudiu dolorosamente a cabeça. Doía-lhe o corpo todo, da ponta do nariz até a ponta da cauda; algumas vértebras estavam quebradas e, aqui e ali, a pele tinha sido arrancada. Repetia em silêncio o mantra.

A esposa cuidou dele o melhor que pôde. Ele a proibiu de trazer ratos e rãs. Manteria apenas uma dieta vegetariana e, apesar dele encorajá-la a caçar para si e para os filhos, ela se recusou. A vida do marido era a sua vida e as crianças deviam seguir o exemplo do pai. Ela apagou completamente da mente o pensamento inadmissível de que o marido podia ter perdido a sagacidade, ou pior, a destreza de uma naja.

Durante semanas, Sri Nag permaneceu deitado imóvel nos cantos escuros do templo. Lentamente as feridas ficaram curadas e as vértebras recuperadas. Mas ele ainda permanecia deitado dentro de casa ou na grama, perto do templo. Os aldeões, pensando que ele estava morto, agora cruzavam descuidadamente o seu campo. Era o que podia fazer para reprimir sua cólera, controlar a flexão instantânea dos músculos, o serpentear do corpo, o salto sobre os transeuntes, o bote. Forçava-se a ficar deitado, imóvel, sem ser notado, e a recitar alto o mantra, numa voz parecida com o sussurro do vento.

Lentamente, o desejo de perseguir tornou-se menos intenso e, lentamente, o gosto por ratos e sapos também o abandonou. Ao mesmo tempo, quase inconscientemente, a noção de que o campo era seu espaço exclusivo para caça perdeu a força que exercia sobre ele. Ele não sentia mais desejo de caçar; para que, então, um campo de caça? Quem eram os transeuntes? E qual era a importância dos aldeões passarem de um lado para outro? Em relação a quem ele outrora era tão brabo? O campo começou a ter um significado diferente para ele. Não era mais dele; era um lugar bonito repartido por ele com sua outra vida — uma vida que parecia tornar-se mais e mais exuberante. Gradualmente, a depressão dissipou-se. Ficou magrinho e esgotado por comer apenas frutas e raízes. Estava muito fraco para largar a casca sem brilho e esfarrapada; e nem mesmo sentia-se muito apertado, pois ultimamente seu corpo não havia crescido. Assim se passaram os meses. Ele, deitado no templo, às vezes ao sol, repetindo o mantra, pensando no *sadhu* e expulsando todos os demais pensamentos da cabeça. De fato, aqueles pensamentos tinham uma quietude própria.

Certo dia, no final do inverno, ele ouviu um farfalhar e um alvoroço na grama seca, do lado de fora do templo.

"Sri Nag! Sri Nag!"

Sri Nag saiu e encontrou uma fileira de cinco ratos: um deles deu um passo à frente. O porta-voz, cujo nome era Akhu, limpou a garganta. "Sri Nagji", disse com voz respeitosa, "viemos em comitiva para prestar-lhe nosso respeito e perguntar, senhor, se é que podemos ser tão ousados, por que é que o senhor permitiu que aqueles malfeitores valentões o tratassem como um pedaço de corda. Foi quase o oposto da antiga e conhecida ilustração de *maya*[6]."

---

[6] *Maya* — ilusão. Segundo a filosofia vedanta, todo o universo visível é uma grande ilusão. Numa imagem tradicional, o homem que vive no escuro pensa que uma corda é uma cobra. Nesta história, a cobra foi tratada como uma corda. (N. da ed. bras.)

O rato deu um risinho de satisfação com a sua própria sagacidade. Os outros quatro ratos deram um risinho abafado, em um coro de apreciação. "Foi uma visão chocante." Akhu prosseguiu, sua voz ficando mais valente. "Mas, é claro, isso só diz respeito ao senhor. O que mais nos preocupa é que o senhor não tem se submetido às Regras do Jogo. Viemos aqui para saber por quê."

"Talvez isso também só seja da minha conta", respondeu Sri Nag sem rancor. "Mas, devo chamar a atenção para o fato de que se eu estivesse submetendo-me às Regras, como vocês as chamam, vocês não estariam aqui para me fazer esta pergunta."

Akhu empinou o queixo de forma quase imperceptível e mexeu os bigodes. Pigarreou outra vez. "Sem querer ofendê-lo", disse "o senhor pegava apenas os ratos menos ágeis e menos espertos. Ouso dizer que mesmo se as coisas tivessem tomado o seu curso normal, eu e meus colegas ainda estaríamos aqui. Além disso, senhor, permita-me responder sua primeira observação: *não* é só da sua conta. O que o senhor faz ou deixa de fazer tem repercussões muito mais amplas."

"Como por exemplo...?" — perguntou Sri Nag um tanto aborrecido.

Akhu sentou-se sobre os quadris, afagou os bigodes e pigarreou novamente. Tudo isso era uma indicação aos colegas de que ele estava prestes a iniciar um de seus discursos professorais, aos quais estavam acostumados. Sentaram-se também.

Viemos aqui para saber por quê.

"Veja, meu bom senhor", começou Akhu, "como eu disse, o senhor nunca pegava os melhores; perdoe-me dizer, eram apenas os menos apetecíveis. Sem o senhor, a porcentagem de nossa população inapta cresceu mais de dez vezes e aumenta de forma exponencial. Estamos rapidamente nos tornando uma sociedade de delinqüentes. Se isso pode ser chamado de sociedade. Nossos adolescentes estão ficando rebeldes. Antes conseguíamos controlá-los ameaçando atirá-los ao terrível Sri Nag; mas agora sabem que é uma ameaça vazia. Riem de nós; não respeitam os mais velhos nem os superiores. Além disso, os inaptos estão reproduzindo-se rapidamente; não há grãos silvestres suficientes para sustentar nossa comunidade. A geração mais jovem entrou nos campos cultivados e até nos celeiros dos fazendeiros. Os fazendeiros estão, é claro, envenenando-os. Mas isso parece uma intimidação ineficiente; nossa população continua a crescer sem limites. A situação é conhecida na aldeia como a Infestação dos Ratos, um termo ultrajante! Além disso, o veneno não escolhe a vítima; os melhores de nós são mortos juntamente com os piores. O processo de seleção natural conhecido, algumas vezes, se é que posso dizer isso, como 'a sobrevivência do mais apto' não funciona mais. E os sapos! Criaturas estúpidas! Os sapos estão proliferando-se além dos limites; estão devorando os ovos dos peixes e dos insetos, benéficos ou não. Quase não há mais peixes no lago, e os insetos, como o senhor certamente sabe, são necessários para o bem-estar ecológico do campo. Ecologia significa..."

"Sim, sim", interrompeu Sri Nag. "Mas o que é que tudo isso tem a ver comigo?"

"Se o senhor, por gentileza, me permitir terminar", Akhu continuou com dignidade, "ecologia significa, em termos simples, o equilíbrio da natureza. Quando o senhor começou a... bem, não gostaria de usar a palavra *burlar*... digamos, renegar ou, para ser direto, quando o senhor zombou da Lei, interrompeu esse excelente equilíbrio desfrutado por nossa sociedade ao longo de gerações e gerações no passado."

Sri Nag ficou em silêncio. "Veja", começou Akhu novamente, é uma simples questão de *svadharma*[7]. Além disso, como o senhor deve ter percebido, sua esposa e filhos estão numa condição lamentável. O senhor não está proporcionando a eles o sustento, nem permitindo que sua esposa o faça para si e os filhos. O senhor é um chefe de família, Sri Nag, e está agindo como um asceta." Nesse momento começou a falar em sânscrito: "*Sreyan svadharmo vigunah paradharmat svanusthitat*" (É melhor nosso próprio dever, embora imperfeito, do que...)

"Conheço o significado," disse Sri Nag suavemente.

"Bem, então, senhor, imploramos que se emende. Isso será, afinal de contas, do interesse de..."

"Chega", disse Sri Nag. "Dei minha palavra ao meu guru."

Agora foi a vez de Akhu ficar em silêncio. Ele e os colegas sabiam que não havia resposta para isso. Abriu e fechou várias vezes a boca, virou-se e afastou-se calmamente. Os quatro ratos o seguiram em fila indiana.

Nas semanas seguintes Sri Nag ponderou sobre o que Akhu dissera; não podia desconsiderar as palavras dele, por mais pomposas que fossem, como mero disparate e tagarelice. Talvez fosse mesmo verdade que o fato dele não jogar o Jogo tivesse ocasionado um estado de desordem e sofrimento no campo, e até mesmo na aldeia. Ele não precisava ir longe para ver que seu próprio lar não tinha mais aquele brilho de bem-estar. De fato, no início ficara aflito ao ver a esposa, antes tão roliça e adorável, magra e abatida e ao constatar que os filhos não eram mais des-

---

7 *Svadharma* — condição, dever ou direito pessoal. O dever próprio. (N. da ed. bras.)

preocupados e alegres. Entretanto, quando *jogava* o Jogo, isso também causava sofrimento e tristeza aos outros. Parecia não haver resposta: agir causava sofrimento aos outros; não agir também. A única coisa que tinha prometido ao guru era repetir o mantra e não atacar ninguém. Manter a palavra a um santo não podia causar mal a ninguém. Esse pensamento deixou-o em paz. Na verdade, o próprio ato de repetir o mantra com toda concentração, às vezes lhe proporcionava um regozijo interior tal como deviam ter sentido seus ancestrais quando Shiva vivia no templo, inundando o interior escuro com uma luz extraordinária. Mas tais momentos de alegria não duravam muito. As palavras do rato voltavam a perturbá-lo, surgindo de dentro de si. Nessas ocasiões, ficava profundamente inquieto, como se uma pergunta pairasse no ar sem resposta, uma promessa não cumprida.

E, depois, havia os parentes — os parentes de Uma e o irmão solteiro — que vinham de vez em quando, de um campo distante, visitá-los e a quem, no passado, Sri Nag costumava oferecer um suntuoso banquete de ratos. Do jeito que as coisas estavam agora, Uma faria o melhor possível para preparar um bom prato de vegetais ao molho, um gostoso *khicudi*[8] e um *chutney*[9] de morango ou manga. Mas isso não era comida para naja, e muito menos para hóspedes ilustres. Depois da primeira refeição de vegetais ao molho, o pai de Uma não os visitou mais, e mandou dizer, o que a mãe de Uma tratou de repetir várias vezes, que não queria retribuir a hospitalidade do genro. A própria

---

[8] *Khicudi* — prato indiano feito de vegetais, com molho de *curry*. (N. da ed. bras.)
[9] *Chutney* — molho indiano feito de frutas, ervas e condimentos. (N. da ed. bras.)

mãe de Uma deixou clara sua desaprovação, mal tocando na comida, olhando para Sri Nag como se não acreditasse, e tratando Uma com a maior solicitude, dirigindo-se a ela como "minha pobre querida". O irmão de Uma, uma naja gorda, que perpetuava as habilidades de caça do pai, simplesmente riu quando a comida foi servida. "Nada como ser um monge", disse certa vez, "especialmente com filhos para cuidar e alimentar." O comentário foi recebido com um silêncio prolongado, finalmente quebrado pela filhinha de Sri Nag.

"O senhor é monge, papai?" — perguntou ao pai. "É por isso que a gente não come mais comida de verdade?"

A mãe de Uma soltou uma risada nervosa, o irmão deu uma gargalhada e Uma cobriu os olhos como se tentasse evitar o evidente sofrimento.

"Psiu", disse ela. Nessas ocasiões insustentáveis, Sri Nag queria que a terra se abrisse e o engolisse em suas cavernas profundas e primitivas. Porém, mais constante do que esse desejo agudo e lancinante, era seu anseio pelo retorno do *sadhu*.

Lá pelo final de fevereiro os dias ficaram mais quentes, prenunciando o calor sufocante que em poucas semanas desceria sobre os campos e as aldeias de Bengala. Ainda era agradável ficar deitado ao sol, o que Sri Nag fazia com freqüência, o corpo todo alerta agora para a vibração de certos passos, um caminhar que há um ano atrás pressagiara uma mudança total em sua vida, virando-a, por assim dizer, de pernas para o ar, trazendo-lhe inusitada paz e alegria; e, não obstante, trazendo-lhe também um estranho desconforto. Ele tinha perguntas a fazer ao *sadhu*; mas, além disso, ansiava por seu toque, seu olhar, sua simples presença, mesmo que não dissesse uma palavra. "Por favor, querido senhor; venha por favor!" O pedido interpunha-se entre o constante sussurro do mantra.

A mãe de Uma dirigiu-se a filha como "minha pobre querida".

E então, certo dia, os passos longamente esperados fizeram Sri Nag estremecer como se todas as trombetas do céu tocassem. Era ele! Não havia como confundir o passo majestoso e vigoroso e a batida do bastão. Sri Nag tentou deslizar para a frente a fim de saudar seu guru, mas como estava muito fraco não conseguiu avançar mais que um metro ou algo assim. Mas as passadas do *sadhu* eram rápidas e logo ele estava ali parado, radiante.

"Oh, senhor!" — disse Sri Nag e inclinou a cabeça sobre os pés do guru.

O *sadhu* tocou a cabeça da naja e exclamou "O que foi que lhe aconteceu, meu filho? Ficou tão magrinho e a pele está machucada e opaca como a de um miserável. Você está doente?"

"Não, não, senhor!" — apressou-se a dizer Sri Nag para tranqüilizar o guru. "Estou alimentando-me com uma dieta vegetariana, é tudo."

"Uma dieta vegetariana!" — exclamou o *sadhu*. "Mas e sua pele? Como é que ficou assim tão esfarrapada?"

"Não sei, senhor", respondeu Sri Nag sinceramente. "Talvez esteja só desgastada."

Ouviu-se um ruído na grama. Akhu e os colegas estavam ali parados em fila, escutando. "Ele deixou os meninos da aldeia baterem nele", disse Akhu. "Vi com meus próprios olhos. Foi terrível, senhor; eles quase..."

O *sadhu* levantou a mão para silenciar Akhu. "É verdade?" — perguntou a Sri Nag.

"Meninos?" — disse Sri Nag, procurando na memória. Há muito tempo ele havia esquecido os maus tratos sofridos nas mãos dos meninos malvados. Não havia resquício algum de ressentimento que a sua memória pudesse focalizar. Lembrava-se apenas vagamente do incidente. "Sim, senhor", afirmou. "Acho que Akhu fala a verdade. Havia alguns meninos. Mas eram apenas meninos, e meninos têm seus esportes.

"Seus esportes!" — disse o *sadhu*. "E você deixou que quase o matassem? Que pena! Seu cérebro ficou mole?" — Sua voz era severa, mas olhava para o discípulo com ternura.

Sri Nag ficou confuso. "Senhor?"

"Por acaso disse-lhe para ser inofensivo, para ficar do jeito que ficou, incapaz de proteger-se, e à sua esposa e aos seus filhos?"

"Mas, senhor, pensei..."

"Pensou! O que é que pensou?"

"Senhor", disse Sri Nag humildemente, "Tentei seguir suas instruções. O senhor disse-me para não atacar os meninos da aldeia, para não persegui-los. O senhor disse que eu não deveria causar dano a ninguém."

"Ah, ah, ah!" O *sadhu* olhou profundamente penalizado, como se sentisse no próprio corpo cada golpe que os meninos infligiram a Sri Nag. "Você foi bobo", disse afetuosamente para Sri Nag. "Eu lhe disse para não atacá-los; mas disse para não *sibilar* para eles?" Sri Nag estava em silêncio. "Meu filho", continuou o *sadhu*, "é seu dever proteger seu lar e dar sustento à sua família. Para isso, precisa ser forte. Não há nenhum mérito em agir como uma minhoca. Será visto como um fracassado e perderá o respeito da sociedade. Por acaso pedi-lhe para abandonar os meios normais de sobrevivência? Este não é de modo algum seu papel nesta bela e grandiosa dança de Shiva, que é uma forma de adoração."

"Foi isso mesmo que eu disse a ele", exclamou Akhu. "Não foi isso que lhe disse, Nagji?"

Sri Nag ignorou-o. "Shiva partiu daqui há muito tempo", lastimou.

"Que foi que disse?" — O *sadhu* voltou-se para ele com censura no olhar e observou gravemente: "O Senhor Shiva nunca partiu!"

Sri Nag abriu as mandíbulas estupefato; mas nada disse.

"Ele *nunca* partiu", repetiu o *sadhu*, "nem por um instante. Os aldeões o têm adorado em outras partes, isso é tudo. Sua grande Dança está acontecendo sem parar e você é um mero gesto de Sua mão, uma virada de Sua cabeça. É Ele quem age, não você. Ele é vida e Ele é morte. Sabendo disso, sem reclamar de sua própria ação, siga o caminho do seu dever, e não causará dano aos outros nem a si mesmo."

Sri Nag fez um sinal amplo, trêmulo. "Falhei completamente." Sentia-se mais desalentado que nunca.

"Não, não", disse o *sadhu* em tom consolador. "Você não falhou. Se alguém falhou fui eu; não deixei as coisas claras. Mas ainda não aconteceu nenhum mal irreparável. Medidas drásticas são necessárias, às vezes, em particular quando tendências opostas estão arraigadas tão profundamente como estavam as suas. O Mestre que fala através de mim não comete erros; nem, a longo prazo, um discípulo sério comete erros". Ele deu um sorriso luminoso para Sri Nag. "Foi um ano de grande prática da austeridade, querido filho. Você se saiu muito bem. Será que um ano atrás entenderia o que estou dizendo hoje? Mas, vamos, você e sua família precisam alimentar-se. O campo parece estar apinhado de ratos."

"A maior parte pela escória", disse Akhu desdenhoso "dando cria na grama, se me permite o aparte." Ele e os colegas riram alto.

Sri Nag lançou-lhes um olhar penetrante e disse "Shhhh!" Surpreendeu a si mesmo e aos ratos com o tom de comando da voz. Era o primeiro som ameaçador que proferia em um ano, mas não estava acompanhado do velho e irresistível desejo de dar um bote. "Fique quieto", disse mais delicadamente.

O *sadhu* não prestou atenção nessa mudança. Olhando para o campo, que de fato parecia estar vivo com o movimento de pequenos corpos peludos, disse reflexivamente, "Você e sua esposa têm força suficiente para caçar alguns, não têm? Comecem!"

Akhu e os quatro colegas fugiram abruptamente em disparada, dessa vez não em fila indiana, mas em todas as direções.

"E lembre-se sempre", continuou o *sadhu*, "se algum dia for molestado, dê seu melhor sibilo, abra o capelo o mais que puder, fique empinado, seja um Terror! Cumpra o papel de uma naja poderosa, mas sempre sem cólera, medo ou avidez, em resumo, sem se sentir separado; saiba que seja o que for que fizer, é um movimento na Dança de Shiva. Ofereça-o a Ele e continue a recitar o mantra: O*m. Sivasya'ham. Sivasya'ham* (Eu sou Shiva, eu sou Shiva)." Colocou outra vez a mão na cabeça de Sri Nag. "Eu o abençôo, filho", disse ele, e afastou-se.

Na verdade, não foi difícil para Sri Nag, Uma e as crianças (que já estavam na idade de caçar) pegar ratos. Algumas vezes parecia até que os ratos corriam até eles por vontade própria, de acordo com um rito antigo e sagrado. Mesmo assim, a família de Sri Nag não caçava mais do que precisava no momento e eles o ofereciam logo a Shiva e depois o pegavam como um alimento sagrado. À medida que os dias passavam, Sri Nag deslizava cada vez com maior facilidade entre a grama alta. Logo soltou a casca velha, revelando uma nova e brilhante por baixo, e começou outra vez a providenciar o sustento de Uma, deixando-a livre para cuidar da nova ninhada. Mas mesmo com muitas bocas para alimentar, Sri Nag caçava sem pressa ou ansiedade; na verdade, não se sentia de modo algum um caçador. Pela primeira vez o significado do mantra despertou nele e o que pareciam ser apenas palavras tornaram-se um fato vívido: ele era um filho do Senhor Shiva, uma parte integral Dele, e cada movimento seu era um gesto fluído de Sua Dança. Ele sabia — agora com uma percepção consciente — que ele, os ratos e também os sapos, eram todos alegres participantes de uma grande adoração, e sentiu uma paz tão grande como nunca antes sentira.

Sri Nag assumia a forma de um terror majestoso.

Os aldeões ficaram atônitos ao ver Sri Nag erguer-se da morte. O cheiro repugnante de medo outra vez chegava à sua língua e, deliberadamente, ele assumia a forma de um majestoso terror, erguendo a parte frontal do corpo o máximo possível, abrindo o temível capelo em sua largura máxima e sibilando alto. O som era como água derramada sobre brasas acesas e inextinguíveis; só ele sabia que aquelas brasas tinham perdido o poder de queimar. Os aldeões, inclusive os meninos, mantinham distância, compreendendo que a naja não era de brincadeira. Mas compreenderam também, embora isso tenha levado mais tempo, que se não fizessem mal a ele ou à sua família, ele também não lhes causaria mal. Ele mudou. Começaram a olhar para Sri Nag como *sua* naja. Sua Naja sagrada; tratavam-no com grande respeito, quase beirando a veneração. O símbolo de Shiva foi reinstalado no templo antigo e oferendas de leite e manteiga, que os filhos de Nag compartilhavam como alimento sagrado, eram feitas a ele, como nos velhos tempos. A população de ratos e sapos diminuiu rapidamente; os lagos ficaram outra vez cheios de peixes e os celeiros dos fazendeiros atulhados de arroz e de grãos. Os aldeões prosperaram e, muitas vezes, visível aos olhos de Sri Nag, o Senhor Shiva dançava no campo.

3

Ajay, o Gavião-pescador que era Discípulo

Mesmo jovem, enquanto seus irmãos e irmãs ainda batiam as asas de modo desajeitado e risível, Ajay já descobria as delícias de pairar nas alturas, esticar ao máximo as asas semicrescidas e deixar as correntes mornas fazê-lo subir cada vez mais para o alto. Ele não podia, é claro, ficar pairando por muito tempo, nem podia inclinar-se apropriadamente ou subir a uma altura considerável; entretanto, para sua tenra idade, seu desempenho era tão incomum que os pais o viam com admiração, sabendo que tinham chocado um filho prodígio.

À medida que Ajay crescia e seus músculos ficavam fortes, ele voava cada vez mais sozinho, adorando a solidão do céu, onde podia pensar sobre o próprio céu e sua interminável continuidade. Pensava sobre o Infinito e isso o fazia sentir-se ansioso para saber o que significava. Certo dia subiu alto, e ainda mais alto, aproveitando uma forte corrente de ar quente. As árvores abaixo ficaram parecendo arbustos e depois, grama e depois, pontos verde-escuros. Percebia que estava na mesma altura dos picos de neve mais elevados, sobre os quais seus pais haviam-lhe falado e, nesse ar rarefeito, seus pulmões pareciam arder. Sabia que a mãe ficaria desesperada se adivinhasse onde ele estava, mas no contentamento do vôo, na beleza cristalina do céu vazio, no silêncio repleto de luz e total solidão, tudo o que ocorria em baixas altitudes nada era para ele, nada significava. Havia apenas ele e o céu brilhante. Então, de repente, num instante, havia apenas Alegria; estava imerso em uma vasta Existência, uma Bem-aventurança infinita, sem fronteiras. É impossível saber quanto tempo ele permaneceu assim, mas quando se recobrou e ficou ciente outra vez de estar centrado em seu corpo, soube que tinha tocado o Infinito. Continuou a planar por um momento, inundado de Bem-aventurança, assim como o céu fica inundado de cores depois que o sol se põe. Então fechou as asas e mergulhou de volta à terra numa longa queda livre, saindo dela com destreza, bem a tempo de evitar a morte. Felizmente, os pais não adivinharam onde ele estivera e não procuraram por ele.

Todos os gaviões-pescadores, bem como os milhafres, as águias e os falcões novatos das redondezas participavam do treinamento de vôo local, em que lhes eram ensinadas técnicas diferentes de acordo com suas aptidões e naturezas particulares. Mas os instrutores perderam a esperança de classificar Ajay. Em toda categoria ele demonstrava enormes habilidades: sabia planar, voar rápido, mergulhar, acertar o alvo na água ou no ar com a facilidade própria normalmente apenas de adultos especialistas nesses campos. Logo ficou claro que este filhote notável, este prodígio, requeria atenção especial; e, portanto, seguindo o conselho dos tutores, os pais o matricularam no Colégio Himalaiano de Vôo e Pesca dos Falconiformes, para alunos excepcionalmente bem dotados. Começaram a construir um ninho-troféu enorme em sua árvore já repleta de ninhos de família.

Ajay passou facilmente nos exames de admissão e, junto com o guia enviado para buscá-lo, voou confiante e com intensa excitação até o Colégio que ficava ao norte. Ele não esquecera a Experiência no céu alto e vazio; muitas vezes ansiava por ela e tentava repeti-la seguidamente, mas não conseguia e, à medida que as aulas na escola tornaram-se cada vez mais absorventes e, como sua vontade de voar tornava-se cada vez mais ardente, a memória da Alegria, além do céu, ficou ofuscada — embora nunca perdida.

Ajay não era grande para sua idade, nem as asas abertas eram anormalmente amplas, mas suas proporções eram excelentes; combinava a suavidade da pomba com a força do falcão. O corpo era levemente arredondado, e as asas, largas nos ombros, moviam-se majestosamente para cima e para baixo formando um ângulo quando abertas, e eram como lâminas moldadas artisticamente, podendo cortar com precisão o ar sem dilacerá-lo. Suas primeiras penas estendiam-se até as pontas das asas como pequenos dedos sensíveis, e ao movê-las, mesmo minimamente, fazia os ajustes mais sutis do vôo. A parte de baixo do corpo e a crista eram brancas como a neve, fazendo-o parecer uma pomba, na verdade, as costas de um marrom bonito e lustroso e os pés amarelos com garras pretas e brilhantes. Os olhos penetrantes, sagazes, de cor alaranjada, mais tarde iriam tornar-se de um dourado profundo e maduro. Quando voou para o Colégio Himalaiano, perdeu inteiramente a penugem infantil, mas não havia ainda crescido até sua estatura completa; era ainda um filhote, gracioso, esbelto, vulnerável.

Ajay e o guia, um corajoso falcão da montanha, voaram o dia inteiro e parte da noite num ritmo intenso e constante. Quando partiram, ao alvorecer do dia seguinte, ele distinguiu ao norte os picos nevados brilhantes de sol e, alto no céu, a silhueta destacada de várias manchas negras que a princípio tomou por abutres párias à procura de carniça. Mas as manchas pareciam mergulhar e dar voltas, fazer piruetas e dar saltos mortais e, ao aproximar-se, presenciou um espetáculo nunca visto antes. Aves falconiformes de todos os tipos e tamanhos estavam fazendo acrobacias incríveis, giravam e torciam-se no ar numa velocidade vertiginosa. Quando o sol refletia-se em suas asas, parecia haver centelhas de fogo frenéticas, subindo e caindo em lufadas de vento quente expelidas por um vulcão em erupção. Maravilhado, olhou para o guia. "Aulas matinais", disse o falcão sem interesse. O coração de Ajay ficou pequeno. Tinham chegado ao Colégio; estes acrobatas loucos seriam seus colegas.

Nunca, antes, tinha ocorrido a Ajay que ele não era o melhor em todo o mundo, mas o Colégio Himalaiano de Vôo e Pesca dos Falconiformes estava muito além do seu treinamento caseiro. Aves de todo o norte da Índia, do

Nepal, do Afeganistão, de Cachemira, da Birmânia, do Tibete e até mesmo da China vinham para o Colégio. A maioria delas eram campeãs em suas terras, e todas mostravam um virtuosismo fascinante, como Ajay jamais havia sonhado. Sentiu vontade de voltar à sua casa para não ser mandado de volta, humilhado.

Ajay passou os primeiros dias no Colégio recuperando-se da exaustão do longo vôo e em profundo desespero. Encontrou um enorme cedro desabitado e alojou-se nele, a cabeça virada para trás, afundada na fenda entre os ombros. Apenas na segunda manhã após sua chegada, um mestre-noviço o descobriu no centro da árvore.

"Oi", disse o jovem instrutor alegremente. "Você por acaso é Ajay, de Bengala?"

Seu jeito amável e espontâneo forçou Ajay a levantar a cabeça. Encarando-o, pousado no galho, estava um gavião-pescador vistoso, não muito mais velho que ele, mas infinitamente mais hábil e seguro de si.

"Sim", ele respondeu. "Sou Ajay".

"Muito bem! Meu nome é Sanyal. Você é um dos meus alunos. Venha comigo, as aulas não são dadas nessa árvore. A gente estava procurando por você".

"Sim", disse Ajay, olhando para o céu por cima da cabeça de Sanyal, onde um jovem falcão estava fazendo evoluções espetaculares. "Este não é meu lugar; vou para casa. Desculpe-me, é melhor eu ir já."

"Ir para casa!" — exclamou Sanyal. "Qual é o problema? Você acha que esse falcão afegão exibicionista *chegou* aqui fazendo essas piruetas fantásticas? Ele *apren-*

deu. Você também vai aprender — e melhor ainda." Colocou a asa no ombro de Ajay. "Venha comigo. Ânimo! Precisa comer alguma coisa."

Você por acaso é Ajay, de Bengala?

No início, pareceu natural a Ajay que Sanyal lesse seus pensamentos. Houve imediatamente empatia e confiança mútua entre eles. Sem dizer mais nada, voou atrás do mestre-noviço até uma árvore, às margens da floresta, onde vários pássaros jovens estavam empoleirados. Foi apresentado a todos e podia dizer, pelo jeito acanhado dos colegas, que todos estavam na mesma situação desagradável. Talvez não fosse mais habilidoso do que eles, mas com certeza não era o pior. Depois de comer, sentiu-se imensamente melhor. Determinou-se não apenas a ficar, mas a aprender tudo o que lhe ensinassem. Sabia que podia fazer isso. Lançou um olhar a Sanyal: o jovem instrutor devolveu o olhar e sorriu. Ajay também sorriu, eriçando as penas da nuca e da cabeça.

Sanyal demonstrou ser um instrutor enérgico e a disciplina do Colégio era rigorosa. Desde o amanhecer — depois do banho e das orações, e de ajeitar as penas com o bico — até o meio-dia, era uma aula depois da outra; então chegava a hora de um bom almoço e um descanso breve, e a seguir prática, prática e mais prática, até o pôr-do-sol. Depois de um jantar leve, os estudantes, muito cansados para folia, voavam até seus albergues e, uma vez acomodados, cada um em seu lugar determinado, caíam instantaneamente no sono.

Depois daquele primeiro dia, Sanyal não demonstrou interesse especial por Ajay, apesar de ele perceber que de tempos em tempos o mestre-noviço o olhava cuidadosamente e que, com o passar dos meses, a promessa de Sanyal transformara-se em realidade: estava aprendendo facilmente a fazer o que parecia impossível; tornando-se perito, e logo foi promovido de calouro a aluno do segundo ano. Isso significava que Sanyal não seria mais seu instrutor; mas significava também que agora podiam tratar-se como amigos. Assim, sempre que havia um feriado, os dois jovens gaviões-pescadores voavam juntos, rodopiando e dando voltas, deslizando no vento e perseguindo um ao outro no ar brilhante. Nestas ocasiões, livre da rotina diária, Ajay lembrava-se nitidamente de seu vislumbre do Infinito, e um desejo intenso tomava conta dele; nada mais parecia ter o menor interesse.

Pouco antes de completar o penúltimo ano no Colégio Himalaiano, Ajay teve uma experiência bem diferente. Tornara-se um perito tão bom em acrobacias aéreas quanto qualquer outro estudante e, a bem da verdade, quanto qualquer professor — exceto Sanyal, cuja habilidade ao voar nunca havia sido superada e, aparentemente, era insuperável. Para grande desagrado dos veteranos, Ajay foi considerado pronto para graduar-se com eles, pulando o último ano. Era obrigatório, é claro, fazer os exames de vôos ornamentais com a turma de formandos. Sanyal insistiu para que ele fizesse isso e o próprio Ajay, ansioso para iniciar sua carreira no mundo como acrobata autorizado, ficou eufórico com a oportunidade, mas também nervoso, pois os pássaros mais velhos, contra os quais competiria, ainda o deixavam fascinado com sua destreza crescente — particularmente os falcões, e entre os falcões, um em especial, que Sanyal, três anos antes, havia chamado de "grande acrobata". Seu nome era Ahmad.

À medida que o dia dos exames aproximava-se, Ajay treinava cada vez com mais intensidade, levantando-se muito antes do sol nascer e executando giros triplos e saltos mortais para trás horas a fio, sob a luz que precedia o amanhecer, certificando-se de que cada pequeno movimento fosse perfeito e ocorresse no tempo exato, em harmonia com as várias correntes de ar. Suas técnicas tornaram-se instintivas; brincava com os ventos como se fossem amigos íntimos, porém maliciosos, antecipando-se a seus truques e caprichos, rindo com eles quando levava a melhor. Às vezes, chegava a gritar de pura alegria com o jogo, sem pensar que isso poderia alertar seus companheiros para sua prática matinal no céu vazio. Às vezes, voava tão alto que o sol, ainda abaixo do horizonte nos dormitórios do Colégio, cintilava em suas asas. Olhando de baixo, ele parecia nessas ocasiões um cometa errante. Isso, também, era observado. Mas, no coração de Ajay, não havia qualquer intenção de fazer segredo: em seu arrebatamento todo senso de competição estava apagado. Quando não estava concentrado em alguma manobra excepcionalmente intrincada, animava-se simplesmente com o ritmo e a liberdade de seu vôo. Este era seu elemento, o caminho da vida oferecido por Deus. Ele *era* o vôo, unido em corpo, mente e alma à arte.

Então aconteceu. Certo dia, de manhã cedo, estava descansando ao vento, após ter praticado giros espiralados quádruplos, seguidos de um movimento de peão, quando algo vindo de cima bateu nele, golpeando-o com a força de um míssil. Sentiu garras laminadas rasgarem suas costas.

Instintivamente, virou-se e viu Ahmad subindo rapidamente, preparando-se para outro ataque. Virou-se, as pernas para o céu e, quando Ahmad golpeou-o, gritando, ele arranhou a barriga do falcão. Ficou possesso de raiva. Os dois pássaros atracaram-se numa luta mortal, penas voando para todos os lados. Sabia que Ahmad estava tentando golpeá-lo nos olhos, mas não recuou; devolveu os golpes com toda a força. Não tão ferido quanto Ahmad, mais rápido, atacando como um espadachim com golpes agudos e evitando os ataques do adversário, ele estava vencendo.

As suas pernas estendiam-se em direção ao céu.

De repente, ouviu-se um grito raivoso de comando e outro corpo se interpôs entre eles. "Parem com isso!" Era Sanyal. Ele golpeou o falcão, afastando-o com o poder absoluto de sua autoridade.

De volta à colônia de falcões, Ajay tremia incontrolavelmente. Sangrava profusamente e a dor, que não sentira durante a batalha, agora estava aguda. Não houve mais prática naquele dia para ele, nem no seguinte. Os colegas cuidaram dele e Sanyal vinha vê-lo de tempos em tempos e ficou a seu lado a noite inteira.

"Por quê?" — perguntava Ajay. "Por quê?"

"Ele tem invejado você desde o início", respondeu Sanyal. "Agora você é uma ameaça real para ele".

"Inveja de *mim*?"

"Veja", disse Sanyal sem rodeios, "essa foi uma amostra de como será viver lá fora no mundo. É uma lição que você tinha de aprender. Considere-a como parte do treinamento — o exercício final. Precisa estar preparado para esse tipo de ataque — tem que estar sempre alerta. Se for competir, deve esperar ciúmes e trapaças. De qualquer modo, você se mostrou um bom lutador."

O lado feio da competição, a súbita visão de uma vida de vigilância contra ataques perversos e inesperados feriu Ajay como uma punhalada mais aguda do que a dor física das feridas. Seu coração entristeceu. Sabia que nunca mais sentiria a alegria selvagem, abandonada, de voar livre. Sempre alerta! E pior, havia o abismo aberto da sua própria violência.

"Não quero esse tipo de vida", disse. "Não quero".

"É para essa vida que você veio para cá", replicou Sanyal. "Para essa vida é que passou três anos treinando."

"Vim para cá para aprender a *voar*. Não a brigar!"

"Bem, então você irá estabelecer-se e constituir família?"

Ajay estremeceu. "Nunca!" — exclamou.

"A vida de chefe de família pode ser uma boa vida", Sanyal continuou. "Pode haver grandeza nela. Um chefe de família devotado e altruísta pode compreender o Infinito."

Ajay lançou-lhe um olhar agudo. Nunca havia contado ao amigo sua Experiência da juventude ou o anseio profundo de seu coração; nem Sanyal jamais havia mencionado tais assuntos antes.

"Nunca poderei ser um chefe de família", ele disse mais calmo. "A própria idéia me sufoca. Amarrado de pés e asas a um ninho. Chocando ovos, alimentando bebês que porão ovos e alimentarão bebês que porão ovos e alimentarão bebês... Tem sido assim por milhões e milhões de anos e assim será por milhões e milhões de anos. Não!"

"Bem, você não precisa decidir isso agora", disse Sanyal. "Você não pode prestar os exames nessas condições. Nem Ahmad, se isso serve de consolo."

Não lhe servia de consolo ter ferido profundamente Ahmad. Ele abominava a si mesmo, não por ter lutado, mas pela raiva cega que tomara conta dele durante a batalha. Era algo que jamais queria sentir de novo.

"Vou me tornar um monge", afirmou com decisão.

"É mesmo? Bem, não posso aconselhar você sobre *isso*. Mas conheço alguém que pode — uma velha coruja-águia macho, o Abade do Mosteiro Himalaiano. Ele vive bem longe ao norte. Posso levar você até lá, se quiser."

"Sim, por favor!"

Na manhã seguinte partiram, voando juntos a maior parte da viagem. Depois de um tempo, quando o sol estava-se pondo, Sanyal apontou um ninho de corujas-águia. “Siga sozinho”, disse. “Diga-lhe que eu o enviei”.

Sanyal enviou-me, senhor.

Ajay chegou ao penhasco nevado onde vivia o Abade, uma Presença gigantesca, impressionante, com plumagem marrom, bela em sua imponência. Parado diante dele, Ajay sentiu-se pequeno e bobo; entretanto os olhos arredondados do Abade, que o fitavam diretamente, não eram impiedosos como os olhos de uma ave de rapina. Não estavam à procura de uma presa, de nada precisavam para deleitarem-se; com uma calma profunda e inquestionável contemplaram o jovem gavião-pescador que aparecera subitamente. Ajay curvou-se e tocou a garra negra com o bico.

"Sanyal enviou-me, senhor", disse.

O Abade cumprimentou-o inclinando a cabeça. "Seu jantar está esperando por você. Vá e coma, lave-se e volte aqui."

Ajay obedeceu. Comeu uma deliciosa truta da montanha, recém-capturada e graciosamente colocada para ele sobre uma rocha, mergulhou os pés e o bico em um córrego gelado para lavar-se, retornou até a grande coruja e novamente curvou-se até tocar sua garra.

"Uma vez era suficiente", disse o Abade. "Então quer entrar para o monastério?"

"Sim, senhor."

"Está pronto para cortar as asas?"

Ajay ofegou.

"Figurativamente, é claro", acrescentou o Abade com voz profunda, "mas significa a mesma coisa". Continuou com um tom severo. "Um monge não voa por prazer ou por exibicionismo. Não perde tempo planando nas correntes mornas. Não é incentivado a desenvolver seus talentos individuais; na verdade, não tem tempo para isso. As necessidades individuais são submetidas às necessidades do grupo. Ele deve ser obediente ao movimento de uma pena. Não há lugar num monastério para um acrobata virtuoso."

Ajay ficou em silêncio.

"Então?" — perguntou o Abade após algum tempo.

"Não preciso ser um acrobata virtuoso", respondeu Ajay.

"Sim, meu rapaz, precisa sim. Sempre será um acrobata virtuoso, competindo ou não. Nasceu assim."

"Senhor, eu desejo, eu quero — conhecer o Infinito."

Houve outro longo silêncio. Então o Abade, olhando atentamente para Ajay, disse: "Não é preciso entrar num Monastério para isso. Existem outros caminhos."

"Mas, senhor..."

O Abade cerrou os olhos e Ajay percebeu ter sido dispensado. Voou de volta ao Colégio, desconsolado.

Contou a Sanyal que fora rejeitado.

"Mas você mesmo decidiu não entrar no monastério!" replicou Sanyal.

"*Eu* decidi? Ele me recusou".

"Você realmente abandonaria o vôo?" — perguntou Sanyal.

E Ajay sentiu no fundo do coração que o Abade estava certo. Os vôos virtuosos faziam parte dele tanto quanto a respiração.

"Acho que não", respondeu tristemente.

Sanyal assentiu com a cabeça. "Bem, como ele disse, existem outros caminhos. Você, de algum modo, encontrará o seu. Vá para sua casa e tire umas férias. Volte no outono."

Na manhã seguinte bem cedo, após despedir-se de Sanyal, Ajay iniciou o longo vôo de volta a Bengala. Voou sem alegria, cruzando diretamente Uttar Pradesh, parando apenas para pescar um peixe na hora do almoço. Ao anoitecer, procurou um poleiro num pequeno bosque nos arredores de Lucknow, mas não conseguia conciliar o sono. O que queriam dizer o abade e Sanyal? *Que* outros caminhos? Como é que alcançaria a verdadeira felicidade? Como é que entraria em contato com o Infinito novamente e *permaneceria* nesse estado de bem-aventurança? Na verdade, não pertencia a lugar algum; sua vida tornara-se sem sentido. Os troféus que inevitavelmente ganharia e os que seus pais certamente colocariam no enorme recesso do ninho-troféu, a fama que alcançaria, as horríveis batalhas que teria que lutar — tudo isso era como chumbo em seu coração, pesava toneladas e o oprimia. Por outro lado, não podia ser chefe de família nem monge; ambos os caminhos estavam barrados por causa da sua própria natureza. Não havia caminho para ele. A vida futura seria pior do que uma vida inexpressiva e, sentado ali no escuro, em uma árvore estranha, ele percebeu o que devia fazer: ir para casa ver os pais, depois planar tão alto quanto o sol, e então fechar as asas e mergulhar direto para o chão. Esperava que seus pais não estivessem olhando, pois desta vez não pararia o mergulho. Finalmente, caiu em um sono profundo.

Na manhã seguinte, foi despertado por uma agitação ruidosa. Cinco ou seis corvos estavam atacando ruidosamente um milhafre, que tinha no bico um pedaço de peixe, sem dúvida tirado de um monte de lixo. Para onde quer que o milhafre voasse, os corvos o seguiam, atacando-o, golpeando-o no ar, não permitindo que desfrutasse em paz sua presa. Outros corvos acercaram-se e, de repente, o milhafre deixou o peixe cair. Imediatamente, os corvos caíram em cima do peixe, brigando ferozmente uns com os outros. O milhafre voou para a árvore de Ajay e empoleirou-se próximo a ele, indiferente.

"Deixou o peixe cair!" — exclamou Ajay.

"É."

"Você o largou!"

"É isso aí. É claro que larguei. É só um pedaço de peixe. Não sou eu."

De repente, o milhafre deixou o peixe cair.

Ajay olhou-o profundamente. "Gostaria que fosse tão fácil", disse e baixou a cabeça. A escuridão da noite caiu sobre ele e ele imaginou seu corpo espatifando-se no chão, alquebrado e sem vida, em algum campo vazio. "Tão pouca coisa para Ajay o Voador, Ajay o Conquistador de Troféus, Ajay o Monge, Ajay Isso, Ajay Aquilo!" — pensou, com tristeza. "Esmagado, acabado..." Enquanto pensava naquele corpo sem energia, solitário, viu em sua mente vários abutres párias fazendo círculos em torno dele, pousando próximo a ele e pulando incomodamente sobre ele. Gritou: "Fora!" E então, de repente, as palavras do milhafre, que ainda estava calmamente pousado perto dele, surgiram em sua mente como um raio de luz: "Não sou eu!" A cena de sua imaginação tornou-se, por um segundo inesquecível, brilhantemente iluminada: os deploráveis frangalhos do seu corpo branco e marrom, os enormes abutres deselegantes acercando-se para rasgá-lo com seus bicos e ele próprio olhando, sentado ao lado do milhafre, intocável. "Não sou eu!" — disse alto com uma espécie de júbilo.

"Que foi que você disse?" — perguntou o milhafre.

"Eu disse: não sou eu".

O milhafre virou a cabeça para ele. "É claro que não é você, seu pateta."

"Quer dizer..."

Mas o milhafre alçou vôo, sem ouvir o que Ajay queria dizer.

Sentiu sua alegria voltar, sua depressão desvanecer-se. Levantou vôo, subiu ao céu e rumou para o norte, esquecendo-se de que estava indo visitar os pais. Voou de volta, cruzando planícies, aldeia após aldeia e, entusiasmado, de quando em quando fazia piruetas e saltos mortais por puro prazer. Numa dessas vezes, olhou para baixo e viu que estava sobre uma aldeia de cabanas de barro e árvores, e percebeu alguns aldeões olhando para ele com uma expressão de prazer em seus rostos. Sem pensar, iniciou uma longa exibição, fazendo suas melhores acrobacias aéreas, perdendo-se na beleza e desenvoltura de sua arte. E quando terminou, percebeu que sua própria alegria e a alegria dos aldeões eram uma única e mesma coisa. Sentiu-se leve, como se pedaços de chumbo saíssem de seu coração.

Não perdeu tempo com aplausos, mas fez um círculo em torno da aldeia, descansando no ar, mal movendo as asas. Enquanto planava, viu um menino, parado sozinho num pátio, fazendo sinais para ele com os braços. Ajay voou para um galho baixo de uma mangueira e de lá olhou para o menino, cuja face virada brilhava com afeição. Seus olhos eram enormes e brilhantes como um lago na lua cheia. Quando Ajay o olhou profundamente, perdeu a consciência externa e mais uma vez fundiu-se, por um momento atemporal, com uma Alegria infinita. Quando o momento passou e estava outra vez centrado em si mesmo, soube que seu vôo sempre fora e sempre seria uma celebração de um Ser ilimitado, do qual ele e tudo o mais eram, de algum modo, partes interligadas, como num sonho. 'É claro!' — pensou. 'Sempre foi assim.' Um amor arrebatador fluiu entre ele e o menino da aldeia, que ainda estava lá parado com os braços erguidos. Ele voou até os braços do menino que o segurou em seu peito nu. Por outro longo momento o gavião e o menino eram um só. Então, o menino abriu os braços e com um leve impulso devolveu Ajay ao céu.

O menino devolveu Ajay ao céu.

Ele voou, mal sentindo que estava voando; suas asas pareciam ser movimentos do próprio ar — sem esforço, sem querer. Naquela noite empoleirou-se numa floresta ao pé das montanhas e ao alvorecer rumou para o Colégio.

Quando se aproximava viu, à distância, como vira há quase três anos atrás, pequeninos pontos brilhantes rodopiando contra os picos róseos, nevados, ao fundo. Agora ele sabia o que eram — seus colegas fazendo acrobacias estonteantes ao sol da manhã, captando a luz em suas asas. Ficou impressionado com a beleza daquelas formas voadoras livres, que se contorciam, rodopiavam e faziam piruetas, como fragmentos de cristal projetados no ar por algum Dançarino em êxtase. O pensamento de que eram melhores do que ele, ou de que ele era melhor, nem mesmo passou pela sua mente. Ele sentiu apenas admiração pela visão magnífica e bela.

Finalmente, chegou ao Colégio. Ninguém, nem os instrutores, nem os estudantes, parecia saber que ele tinha ido embora, mas para ele a ausência destes dois dias parecia-lhe uma vida inteira. Apenas Sanyal sabia.

"Bem vindo", disse o instrutor. "Não vejo você há longo tempo". E quando ficaram a sós, ele olhou profundamente nos olhos de Ajay e anunciou: "Então você encontrou o outro caminho."

Ajay ficou um momento em silêncio. Então, de repente, voou alguns metros para cima e tornou a posar no galho onde estavam. "Sim!" — gritou. "Sim!" Ele sabia que não precisava dizer mais nada; Sanyal compreendera tudo o que havia acontecido.

4

O Comprimido Azul

"Mamãe", gritou Madhav, entrando de repente na sala, "vou renunciar ao mundo!"

Arrependeu-se de sua impetuosidade, logo que as palavras saíram de sua boca. Parou, sem fôlego; tinha corrido todo o percurso, desde o rio, para contar-lhe a novidade. Talvez devesse ter esperado para sentir o humor dela, esperar pelo momento em que ambos estivessem com os pensamentos em harmonia, como de hábito. Compreendeu que seu entusiasmo era um ato de crueldade, suas palavras eram como pedras que ameaçavam a satisfação na mente da mãe.

O livro que ela lia caiu-lhe das mãos e o sorriso, que surgira em seu rosto ao vê-lo, desapareceu. Ela pareceu subitamente velha e assustada.

Madhav deu três passos e ajoelhou-se ao seu lado. "Eu não vou morrer mamãe!" — disse, tentando fazê-la sorrir. Ela não havia-lhe ensinado que uma vida devotada a Deus era a única vida realmente importante? "Na verdade", continuou, "é justamente o contrário".

Ela fechou os olhos e respirou com dificuldade, colocando uma das mãos sobre o peito e erguendo a outra para silenciá-lo, a fim de recuperar-se por um momento. Ele se censurou pela falta de jeito.

Por fim, ela disse, sorrindo languidamente. "Você tem tempo para isso depois que eu me for. Não pensei que me deixaria..."

"Mas, mamãe..."

"Além disso, você é jovem demais para conhecer sua mente. Os homens santos têm grande poder. Você fala com eles, dia após dia, na beira do rio, negligenciando os estudos; você se empolgou. Eu esperava que se tornasse um grande advogado. Esperava que se casasse e tivesse filhos."

Madhav sacudiu a cabeça vigorosamente.

"Se você se tornar um monge o que será do nome de nossa família? Quem o levará adiante? Seria diferente se eu tivesse outros filhos. Mas você é o único que tenho, Madhav." Ela abaixou os olhos, depois olhou para um canto do teto, como se visse ali o começo de uma longa e insuportável estrada árida que levava a lugar nenhum. "Ficarei sozinha", disse. Então se virou para ele e sorriu, dando palmadinhas em suas mãos. "Mas não quero ficar no seu caminho. Faça o que achar melhor. Que importância tem uma velha como eu?"

"Ah, mãe!" — exclamou Madhav triste.

"Mas você devia dar-se mais tempo para examinar sua vontade". Ele colocou sua mão entre as dela e a olhou profundamente. "Será que uma mãe não conhece seu filho melhor do que ninguém? Você não está preparado para uma vida de asceta errante, Madhav. Seu caminho é o de um chefe-de-família."

Madhav novamente balançou negativamente a cabeça. "Não, mamãe."

"Seu pai era um grande devoto", ela continuou. "Ele vivia no mundo, mas não era contaminado por ele. É possível encontrar Deus desse modo também. Você tem tanto a oferecer, Madhav — tanto! É tão cheio de vida e tão talentoso."

"Não, mamãe", disse Madhav. "Eu simplesmente não posso viver no mundo. Tenho certeza. Nada mais quero, a não ser conhecer e servir a Deus. Já decidi. Aquele santo que a senhora conheceu outro dia, e de quem comentou que havia gostado, disse-me que tenho condições de ser monge."

As linhas em torno da boca da mãe ficaram mais acentuadas. "Eu gostei dele, sim. Mas isso não significa que lhe darei meu filho! Está na moda hoje em dia o único filho abandonar o mundo sobre o corpo moribundo da mãe — sua mãe *viúva*. Isso não era assim. Antigamente não se permitia a renúncia enquanto se tivesse deveres no mundo. Mas, sem dúvida, estou sendo antiquada. O que é que pode saber uma mulher velha?"

Madhav suspirou. Percebeu que agora ela estava plenamente recuperada do choque e pronta para lutar. Levantou-se.

"Os tempos não mudaram", disse, "Mas você não depende de mim. Minha herança será sua: há o bastante, de sobra até. Lakshmi e Lila são casadas, ambas com o dote pago. Seus genros estão bem de vida. O fato é que eu não *tenho* obrigações."

A mãe respirou com dificuldade com o coração apertado, e ele percebeu novamente que a havia chocado e ferido. Outra vez Madhav ajoelhou-se e pegou sua mão.

"Eu me referi a obrigações financeiras", disse ele.

Ela o afastou. "Por favor, Madhav. Não podemos falar sobre isso em outro momento? Desculpe-me, já não sou mais tão jovem." Ela sorriu, desculpando-se. "Por favor, ajude-me a ir para o sofá, querido. Vou me esticar um pouco. Podemos conversar mais tarde."

Ele ajudou a mãe a levantar-se e sentiu a leveza de seu corpo e, quando ela se inclinou para apoiar-se nele, viu que seu cabelo estava mais branco do que antes. Caminharam até o sofá, parando de vez em quando para ela respirar. Ele também não havia percebido como ela estava frágil e velha. Ajudou-a a deitar-se e a cobriu com uma manta.

Ela sorriu quando ele se inclinou para ela. "Parece que foi ontem que eu estava colocando você na cama. Agora você é um homem tão grande. E eu uma mulher velha, indefesa."

"Devo chamar o médico, mamãe?"

Ela sacudiu a cabeça negativamente. "Está tudo bem, Madhav. Só preciso descansar um pouco. Mais tarde podemos conversar."

Ele não sabia se a tristeza aguda que sentia era pela mãe ou por si mesmo. Mas sabia que nunca a deixaria e que tinha sido um idiota em pensar que poderia.

"É inútil, senhor", disse Madhav ao santo monge, o *sadhu* que o saudou amigavelmente. "Se eu a deixar ela morre."

Sem dúvida, estou sendo antiquada.

O saniasi abaixou os cantos da boca e olhou para o outro lado do rio. O cabelo raspado, preto-acinzentado, começava a crescer dando-lhe um ar de austeridade. Nada disse.

Estavam sentados nos degraus de pedra gastos de uma enorme escadaria que descia até as águas do rio Ganges. Por centenas de anos, *sadhus* de roupas claras paravam ali em suas peregrinações. Sentavam-se sozinhos, faziam cerimônias de culto a Deus, meditavam ou proferiam discursos religiosos aos aldeões que se reuniam em torno deles — homens de um lado, mulheres de outro. Pediam comida nas casas das redondezas. Foi assim que a mãe de Madhav encontrou o austero *sadhu* que agora queria levar seu filho. Ele havia falado com ela por alguns instantes, e ela realmente havia gostado dele.

A escadaria era como um templo para Madhav: a busca incessante e persistente de Deus, a prolongada e persistente devoção que, através dos séculos, elevava-se do coração de centenas de milhares de *sadhus* e devotos e que parecia permear os degraus de pedra, apesar das águas do sagrado Ganges os lavarem desde tempos imemoriais. Ali a atmosfera era uma força palpável. Ele ansiava por fazer parte dela, por carregá-la para onde quer que fosse, por ser um *sadhu* entre os *sadhus*. Muitas vezes falara seriamente com os saniasis sobre seu desejo de renunciar ao mundo, e este saniasi em particular, depois de questioná-lo longamente, havia concordado em iniciá-lo. Foi nessa ocasião que Madhav correu para casa e, num rompante, contou tudo à mãe.

"Minha mãe só tem a mim", ele continuou, com dificuldade. "Ela está envelhecendo e não está muito bem de saúde."

O saniasi voltou os olhos grandes e brilhantes para Madhav, mas ficou em silêncio.

"Veja, senhor", disse Madhav, "mesmo que ela não dependa financeiramente de mim, sua dependência emocional é muito grande. O que posso fazer?"

Fez a pergunta num tom baixo, sem esperar a resposta, que era óbvia. Nada havia a fazer; estava num beco sem saída. Sentiu dentro de si um grito angustiado, o fútil bater de asas que certa vez pertenceram a algum ser poderoso cujo destino era voar sempre para o alto. Contudo, ao mesmo tempo, essa angústia gerou e intensificou outra angústia — a de sua mãe, a dor de todas as criaturas velhas e sós.

"Minha mãe é uma mulher maravilhosa", disse.

"É claro", respondeu o asceta.

"Devo tudo a ela. Cuidou de mim quando eu era criança. Agora está velha."

"E antes de você nascer", perguntou o saniasi, "não havia ninguém para cuidar dela? Ou será que foi Deus que o designou para o trabalho? Sem dúvida Ele depende de você. Bem, é claro que é nobre servir ao próximo, devotar a vida para satisfazer as necessidades emocionais de outras pessoas. Deus não precisa entrar nisso. Muito bem. Que Ele os abençoe."

O sarcasmo dessas palavras não foi em vão. Madhav corou, baixou o olhar e percebeu que suas mãos teciam sua própria vida. Forçou-as a ficarem paradas.

"O que posso fazer?" — perguntou e ouviu em sua própria voz o grito duplo dos dois seres angustiados que tinha dentro de si.

O saniasi inclinou-se e olhou para Madhav, como um pai olha para um filho com problemas, compreendendo o que perturba o filho e qual é a solução. Por um momento Madhav sentiu sua dor dissolver-se complemente, como se abraçado por algo que tudo cura. Mas, no momento seguinte, sabendo ser isso impossível, os problemas voltaram-lhe à mente com toda intensidade.

Sem dúvida Deus depende de você.

"Não há nada que eu possa fazer", disse desesperançado, respondendo à própria pergunta.

"Sem você, a vida de sua mãe seria totalmente inútil?" — perguntou o saniasi.

Madhav fez que sim com a cabeça. "Para quê ela viveria?"

"Sim, é claro. Certamente é um dilema. O amor de uma mãe é muito forte. Não é fácil negá-lo. Mas antes de decidir-se, faria algo por mim?"

Madhav assentiu distraidamente. "É claro, senhor", disse.

O saniasi procurou na bolsa de pano uma caixinha de madeira, de onde retirou um comprimido amarelo.

"Bem", disse, "engula isso e vá direto para casa. Dentro de pouco tempo você terá o que parecerá ser um ataque. Não tenha medo; não lhe fará mal. Quando as convulsões passarem, será como se estivesse inconsciente, morrendo — talvez morto. Mas, interiormente, você terá consciência de tudo que se passa a sua volta. Depois de um tempo, quando o efeito do comprimido passar, recuperará as faculdades. Não haverá nenhum efeito colateral nocivo. Não tenha medo. Agora, tome-o, e vejamos o que acontece."

Madhav pegou o comprimido na mão e olhou para o saniasi espantado. "Mas, senhor", disse, "Minha mãe! Ao me ver com convulsões e depois aparentemente morto ficará muito assustada e ansiosa. Seu coração, senhor, não é muito forte. Isso pode ser demais para ela."

"Vejamos o que acontece", repetiu o saniasi. "Pensei que disse que faria algo por mim — ou me enganei? Ultimamente meu ouvido não anda muito bom."

"Vou tomá-lo, senhor", disse Madhav. Colocou o comprimido na boca e engoliu-o com um gole de água do Ganges.

O saniasi inclinou a cabeça em aprovação: "Agora vá", disse, "e depressa."

Madhav encontrou a mãe na sala de estar, lendo um de seus livros sagrados. Desta vez ele parou por um momento na soleira da porta até ela perceber sua presença. Ela levantou os olhos e sorriu — o sorriso leve fez seu rosto parecer mais enrugado. Era o sorriso de alguém que havia sido muito ferido, mas que ainda tinha forças.

"Estava esperando por você, Madhav", ela disse. "Venha sentar-se um pouco ao meu lado."

Ele precisava pelo menos prepará-la. "Mãe, tenho que lhe dizer uma coisa..."

Ela ergueu a mão como para evitar um golpe. "Por favor, Madhav querido, não agora. Não podemos desfrutar de alguns momentos juntos? Mais tarde podemos falar sobre seus planos. Venha sentar-se aqui. Deixe-me ler para você como sempre. Será bom recordar nossos momentos juntos quando eu estiver só. Eles têm sido tão poucos ultimamente".

"Mas, mamãe", disse Madhav, "não é sobre eu abandonar o mundo que quero lhe falar. É sobre algo que, penso, vai acontecer daqui a pouco. Não entendo, mas..."

Ela olhou para ele, meio sem graça.

"Agora? O que vai acontecer agora querido?"

"Estou tentando lhe dizer, mamãe".

"Realmente, Madhav, você anda cheio de temores ultimamente. Bem, conte-me então. Mas eu esperava que nós pudéssemos ter alguns momentos de paz, juntos. O que pode acontecer neste momento? Alguma visita? Não quero receber ninguém, Madhav. Hoje, não".

"Mamãe, eu..." Mas era tarde demais. Ele caiu no chão, a língua grudada no céu da boca, os braços e as pernas debatendo-se loucamente no ar, incontroláveis, como se movidos por uma força externa. Ele tentou gritar, dizer que estava bem, mas, na verdade, sentiu uma certa exaltação. Conseguia apenas grunhir, como quem está passando muito mal.

A mãe deu um salto e correu para a porta, chamando pelos empregados.

"Javni! Ramu!"

Inclinou-se depois no chão ao lado dele, tentando segurá-lo firme pelos braços, mas vendo que era impossível, ficou parada, olhando para ele, torcendo as mãos.

Em instantes o ataque diminuiu. Madhav sentiu os lábios pesados e inchados. Ficou ali deitado, imóvel, incapaz de mover sequer os olhos. E, quando tentou dizer à mãe que estava bem, não conseguiu emitir som algum. A mãe, ajoelhada a seu lado, chamava-o pelo nome. Havia terror em sua voz, mas havia nela também uma nota imperativa, que o fazia querer responder.

Os empregados entraram na sala e vendo o jovem patrão imóvel, estirado no chão, gritaram. Javni começou a chorar.

"Não seja boba", disse a mãe bruscamente. "Ajude-me a colocá-lo no sofá, depois vá correndo chamar o médico."

Madhav ficou orgulhoso da eficiência da mãe. Ela nunca perdia a cabeça! Parecia que a juventude e o vigor haviam voltado. Mas ele sabia a tensão que ela estava sentindo. Que brincadeira cruel! Queria pôr um fim a isso logo. Contudo havia uma força que o impedia de mover qualquer músculo; não conseguia superá-la. De repente, teve a idéia de não se contrapor à força. Entregou-se a ela, como se estivesse em braços amorosos e potentes, abandonando-se a uma vontade infinitamente superior à sua. A mesma vontade que impulsionara cada movimento do seu corpo durante toda sua vida, agora impedia qualquer movimento. O que podia fazer? O que sua mãe podia fazer? O que qualquer um podia fazer? Sentia uma paz profunda, contente em observar o drama desenrolar-se em torno dele, no qual ele, ou pelo menos seu corpo inerte, desempenhava um papel importante. As palavras do saniasi vieram-lhe à mente: "Sem dúvida Deus depende de você." Se pudesse mover os músculos do rosto e do peito, teria rido.

Os empregados ergueram o corpo rígido de Madhav e o colocaram no sofá, seguindo a orientação da mãe. Javni partiu apressada atrás do médico; Ramu massageava as pernas do patrão tentando fazer voltar a circulação. A mãe, sentada ao seu lado, massageava suas mãos. Ele sentia as lágrimas quentes dela sobre a pele.

"Madhav! Madhav! O que aconteceu! Madhav! Ele está morto! — Ramu, será que ele está morto? Ele está morto!" Ramu apenas soluçava, chocado.

A sensação de paz e desapego que Madhav sentia, desapareceu. Esforçou-se para mover as mãos, para falar, para tranquilizá-la de algum modo. Mas era como se os nervos que enviam ordens aos músculos estivessem separados do cérebro. Por quanto tempo teria que sujeitá-la a esta angústia?

Não seja boba!

Alguém bateu na porta. Sua mãe levantou-se e com o canto do olho pôde ver que ela estava zangada.

"Graças a Deus o senhor veio!" — ela gritou. "Madhav está morto! Será que está morto?" — Então, temerosa: "E o senhor, por que veio? Sentiu que ele estava morto?"

"Não, mãe, não percebi nada." Era a voz do saniasi. "Eu estava passando e encontrei Javni. Ela me disse que

Madhav estava doente. Deixe-me ver." O *sadhu* inclinou-se sobre Madhav e ouviu o seu coração, sentiu a sua garganta, apalpou-o aqui e ali e, então, com o rosto oculto dos demais, piscou para ele. "Só mais um pouquinho", murmurou.

"O que disse?" — perguntou a mãe. "Ele está morto? Foi tudo tão de repente. Ele estava ao meu lado, tentando me dizer alguma coisa..."

O saniasi sacudiu a cabeça tristemente. "Ele ainda não está morto", disse, "mas não tem mais muito tempo."

A mãe colocou a cabeça entre as mãos e se lamentou. "Eu também vou morrer. Precisa salvá-lo, Maharaj. Eu suplico! Só o senhor pode salvá-lo!"

"Você tem muita fé no poder da renúncia, não é, mãe? Sim, posso salvá-lo. Mas só há uma forma."

"Seja o que for!" — gritou a mãe.

"A única forma de salvá-lo é algum membro da família dar sua vida no lugar dele."

Pela primeira vez Madhav sentiu-se mal. O que o *sadhu* estava fazendo? Toda essa brincadeira era uma forma sutil de assassinato. Em outra circunstância sua mãe enterraria uma faca no coração para salvar um filho, que na verdade não precisava ser salvo. Liberdade assim conquistada não era liberdade alguma. Esforçou-se para gritar.

"Ai, ai de mim!" — gritou a mãe. "As irmãs dele não estão aqui. O que pode ser feito?"

"A senhora pode ser considerada um membro da família", disse o saniasi suavemente. Mais uma vez ele colocou o ouvido sobre o coração de Madhav. Sacudiu a cabeça. "Só mais um pouco..."

"Eu? Ah, se eu pudesse dar minha vida em troca da dele, eu daria com alegria", disse a mãe.

Em sua mente Madhav gritou em protesto, como se a força de seu pensamento pudesse ser ouvida.

Mas o saniasi calmamente tirou da bolsa a mesma caixinha de onde havia tirado o comprimido amarelo. Agora pegou outro, azul. "Será uma morte rápida e sem dor", disse, estendendo o comprimido para ela.

Será uma morte rápida e sem dor.

A mãe deu um passo para trás. "Mas... minha *Vida*!" gritou. "Como é possível? Minhas filhas. Elas precisam da mãe. Quem cuidará delas? Se conhecesse suas sogras, compreenderia! E as crianças — meus netos! Todos precisam de mim! Ai de mim! Como posso dar minha vida se ela não me pertence? Tenho obrigação de viver. Ah, se ao menos as minhas meninas estivessem aqui!"

Madhav começou a sentir o sangue correr nas pernas e a garganta relaxar. Mexeu a língua. Mas agora não havia necessidade de falar. Lentamente, sem ser notado, virou a cabeça para a cena, ao lado do sofá. A mãe olhava para o comprimido na mão do saniasi e em seu rosto havia uma imensa vitalidade, afrontada, insultada. "Não pense que sou uma velha", ela disse. "Ainda tenho muitos anos de serviço a prestar. Minhas filhas, meus netos, talvez até meus bisnetos... tanta responsabilidade!"

Madhav, agora plenamente capaz de falar, estava sem fala. Como pôde imaginar que a vida de sua mãe dependesse dele, ou que sua vida era mais importante para ela que a dela própria?

"Bem, mãe", disse o saniasi, colocando o comprimido de volta na caixa, "mesmo que Madhav tivesse vivido, teria renunciado a este mundo, portanto, talvez dê tudo na mesma."

Os olhos da mãe faiscaram. "O senhor pensa que nada tenho a dizer sobre isso? Ele nunca me deixaria. Nunca! Vocês monges nada sabem do amor de um filho por sua mãe!" Começou a gritar. "Eu nunca teria permitido ao meu menino que me deixasse! Você pensa ter mais poder sobre ele do que o amor de mãe? Nunca!"

"Talvez Deus também tenha algo a dizer sobre isso", disse suavemente o saniasi.

Madhav tentou mexer os músculos do corpo e viu que os tinha sob controle. Com um movimento ágil, ele colocou as pernas no chão e levantou-se.

Só existe alguém a quem se pode chamar de seu.

A mãe soltou um grito de alegria. Evitando seu abraço, ele lhe tocou os pés. Então virou-se para o saniasi e disse: "Vamos."

Por um momento a mãe ficou em silêncio, aturdida. Então, com as mãos na cabeça, caiu para trás sobre o sofá. "Para onde está indo, Madhav? Não vá! Meu coração..."

“O médico logo estará aqui, mamãe”, disse Madhav. “A senhora ficará bem.”

De fato, quando dobraram a esquina, viram Javni e o médico dirigindo-se às pressas para a casa.

“Mas e se ela tomasse o comprimido?” — Madhav exclamou mais tarde, como se um pensamento terrível lhe passasse pela cabeça.

O saniasi tirou o comprimido azul da caixa, jogou-o para o ar e pegou-o com a boca. “O comprimido da verdade”, disse e deu um sorriso largo. “E a verdade é que só existe alguém a quem se pode chamar de seu e este alguém é Deus”, acrescentou.

5

O Ladrão e o Viajante

Há muito tempo atrás, havia na Índia um homem que para sobreviver roubava e matava e nada via de errado nisso. Ou, se no fundo de sua alma via o erro, o ignorava, pois achava que a sensação de culpa era um sinal de fraqueza que se colocava no caminho de sua bravura como bandido. Além disso, um estômago faminto doía mais do que a dor de consciência que vez ou outra sentia. Ocasionalmente, no entanto, à noite, quando o sono não vinha, quando nada havia em que fixar os olhos na densa escuridão da floresta e nada havia para seus ouvidos ouvirem, a não ser os gritos solitários dos chacais, ele sentia medo e ansiava pela companhia de homens justos. Nessas ocasiões, o rosto de todos os que havia matado desfilavam diante dele — alguns acusando-o silenciosamente, alguns fazendo caretas de dor ou de cólera e outros protestando, aterrorizados. Cinqüenta e dois no total. Deitado no escuro, ele os contava, e o peso de tantos pecados parecia demasiado para uma só alma suportar. Ele prometia de todo coração não matar outra vez, invocando o deus Shiva para que o ouvisse.

Mas com o primeiro raio de luz, quando o chilreio amistoso dos pássaros substituía os sons desolados e furtivos da noite, ele se levantava, deixava seu cercado de galhos entrelaçados e olhava com prazer para a aurora vermelha. Sentia a alegre excitação de acordar na floresta e via sua força crescer dentro de si como o sol que se alçava no céu. Flexionava os músculos antecipando as aventuras do dia e sentia-se contente com a vida que levava. Era seu próprio mestre, perito em seu trabalho, e era respeitado como tal pelos demais bandoleiros de sua época. Nem o medo nem a piedade enfraqueciam seu ataque ou diminuíam seu ímpeto. “Sou Bukshee, o Terror dos Viajantes!” E, rindo alto, pegava um galho de bom tamanho, quebrava-o em dois, e lançava os pedaços longe, na mata.

Certa manhã, após uma noite especialmente mal dormida, atacado pelos remorsos, Bukshee percebeu que seu estoque de comida estava reduzido a nada, e, desenterrando o pote de barro onde guardava o dinheiro, verificou que restavam apenas umas moedinhas. Era chegada a hora de roubar outra vez e de, se necessário, matar. Como uma sombra, o voto que havia feito na noite anterior passou por sua mente e, como uma sombra, desapareceu. Sorriu diante do temor infantil e, sabendo que Shiva não cobraria por um voto feito quando não tinha pleno domínio de si, pôs-se a afiar a faca em uma pedra.

A cerca de um quilômetro dali, cruzando a densa floresta, passava uma estrada. Os viajantes precaviam-se nessa parte do caminho, andando em grupos sempre que possível, olhando para a direita, para a esquerda, para trás, com medo, tanto de gente como Bukshee quanto de animais ferozes. Raramente um viajante solitário e desarmado passava nesse caminho, muito menos carregando uma fortuna em dinheiro ou bens valiosos. Mas Bukshee era paciente e esperava hora após hora atrás do tronco de uma árvore grande, observando a estrada, cuidando apenas para que uma naja enrolada ou um tigre de tocaia não o estivesse observando em silêncio com a mesma intenção.

A luz filtrava-se entre as árvores e através das águas, movendo-se suavemente com o balanço das folhas. Ele compartilhava sua emboscada com um grupo de pássaros que iam e vinham incessantemente, guinchando e batendo as asas ágeis. De vez em quando passavam grupos de viajantes, levantando nuvens de poeira. Às vezes, um sentimento agudo de inveja golpeava o coração de Bukshee, quando ouvia as risadas gostosas e as canções dos viajantes. Então sua inveja transformava-se em cólera, seus dedos apertavam a adaga e seus olhos exprimiam fúria como os de um falcão. Mas ele permanecia imóvel, sabendo que não devia lançar sua força, adestrada como era, contra mais de uma pessoa. "Um bom bandido não é bobo", dizia a si mesmo. "Espere, Bukshee, espere".

À medida que o dia ia passando e ele ficava mais faminto, começou a desesperar-se, pois não havia nenhum viajante solitário levando comida ou dinheiro. Teria sido melhor, talvez, ter gasto o dia caçando pássaros — uma ocupação a que ele muitas vezes dedicava-se em momentos como esse. Mas enquanto Bukshee pensava nisso, concentrado na sua triste situação, sem olhar para a estrada, apareceu, bem a sua frente, um homem solitário, com uma trouxa nas costas e um bastão na mão. Até onde Bukshee podia perceber, estava desarmado. Deduziu, também, que o viajante viera em resposta à sua prece. "Shiva, Shiva", sussurrou agradecido. Então, sem mexer uma folha ou quebrar um galho, ficou em pé. Segurando a faca na mão direita, deslizou silenciosamente entre os galhos da árvore e saiu na estrada a poucos metros do viajante.

Era um homem especialmente descuidado, que não olhava para a direita, nem para a esquerda, nem para trás. "Além disso é um tolo", pensou Bukshee, "ou muito seguro de sua força". Algo no porte firme e desenvolto do homem e na maneira tranqüila e, no entanto, surpreendentemente rápida com que caminhava o fez achar que a segunda hipótese era a mais provável; e sendo este o caso, seria melhor atacar com rapidez e segurança. Contudo, Bukshee não se precipitou sobre ele, pois na atitude do homem e nas suas passadas largas e destemidas não havia apenas força, mas algo que despertou sua admiração. Bukshee admirava apenas duas coisas na vida: uma era a força e a outra era a coragem. Geralmente o viajante só e tímido, olhando para as sombras e disparando pela estrada afora como um coelho perseguido, despertava nele apenas desdém. Mas aqui, Bukshee sabia, estava um homem.

Ainda assim, lembrando de sua despensa vazia e do pote de moedas também vazio e tomando sua hesitação por fraqueza, indigna de um bandido-mestre, aproximou-se do homem e, cerrando os dentes, levantou a mão direita para dar o golpe fatal. Aprendera a fazer movimentos rítmicos, pois são mais certeiros e potentes. Um, dois, três, contava sempre. Para cima, para baixo, retirar. E agora, ao levantar o braço, contou um. Mas o dois nunca chegou, pois seu braço ficou suspenso no ar, atrás da cabeça, imobilizado por uma força extraordinária, como se alguém tivesse agarrado seu pulso e o segurasse com uma garra de ferro. O pânico abateu-se sobre ele. Deixou cair a faca e ficou imóvel, puxando com o braço esquerdo a mão direita, não se importando com nada mais além de trazer o braço para a posição natural. As costas fortes e seguras de si do viajante estavam prestes a desaparecer numa curva fechada da estrada. Então, como faria uma criança ferida no meio de um jogo de guerra para chamar a atenção de seu inimigo-parceiro de jogo para o verdadeiro motivo da sua dor, Bukshee gritou: "Socorro!"

Com um ar surpreso, o viajante virou-se e voltou.

"Qual é o problema?" — perguntou.

"Não está vendo?" — respondeu Bukshee irritado. "Não posso baixar meu braço; está enfeitiçado".

O viajante olhou com interesse para o braço de Bukshee. "Como é que ele se ergueu desse jeito?" — perguntou.

"Eu... eu... ele ficou assim, é tudo. Que importa como é que ele foi parar aí? O que importa é que ele não quer voltar à posição normal. Como é que posso viver com meu braço desse jeito, acima da cabeça?"

O viajante sorriu. "Como é que *eu* viveria se ele abaixasse?" — perguntou.

Por algum tempo Bukshee e o viajante olharam-se em silêncio. Bukshee com medo e culpa, compreendendo que o outro sabia que ele era um assassino e também que, de algum modo, esse homem o mantinha em seu poder. Mas no rosto do viajante havia tal bondade e boa vontade que o medo de Bukshee logo desapareceu, e ele se viu olhando para aquele rosto como se olhasse para a própria fonte de toda segurança. Sentiu-se confortado por uma paz indescritível e desconhecida.

Como é que seu braço ergueu-se desse jeito?

"O fato é que o remédio para todo sofrimento está na destruição de sua causa", disse o viajante. "Por isso é importante saber como o seu braço foi parar lá em cima. Mas não se preocupe. Pegue sua faca".

De repente o braço de Bukshee relaxou e voltou ao normal. Ele esfregou o ombro, que tinha ficado rígido e, sem tirar os olhos do rosto do viajante, para que não sumisse, abaixou-se e recuperou a faca. Limpou a poeira e guardou-a no cinto.

Então Bukshee perguntou: "Quem é o senhor? Nunca vi um viajante como o senhor nesta estrada. Vi apenas chacais e coelhos, ninguém digno de viver ou de ser chamado de homem".

O viajante sorriu. "Todos merecem viver, meu filho", disse. "Quanto a mim, vivo no Eu. Portanto, a quem eu deveria temer e o que deveria querer que você não pudesse tirar de mim?"

"Onde é este lugar", perguntou Bukshee, "que os que vivem nele não sentem medo nem desejo?"

"O Eu, meu filho", respondeu o viajante, "está em toda parte. Brilha com luz própria e é indestrutível. Está sempre pleno e à noite não conhece solidão nem tem necessidades durante o dia. Não conhece os terrores do sonho acusador, o buraco negro do espaço nem o fogo lento do tempo. Este Eu, meu filho, não pode ser diminuído nem aumentado; não pode ser limitado nem ferido; nada há no céu, na terra ou no inferno que possa tocar a glória total do Eu. É maior do que o grande, mais belo que o belíssimo e imperecível. O Eu, meu filho, sou eu. E você, também, é Ele".

"Eu?" — exclamou Bukshee incrédulo, em voz baixa.

"Você", respondeu o viajante.

"Eu sou um pecador", disse Bukshee tristemente. E de repente esse fato golpeou seu coração pela primeira vez e ele começou a chorar. Era como se alguém tivesse tirado a roupagem intrépida e vistosa do bandido-mestre revelando apenas um ladrãozinho servil, coberto de adornos baratos. "Não sou nada", disse. "Mato pessoas porque sou pior que elas. Sou pior que os tolos e hipócritas. É por isso que os mato. Já matei cinqüenta e duas pessoas. Cinqüenta e duas! E você seria o qüinquagésimo terceiro. Sou pior que o mais vil. E você ainda diz que eu sou o Eu! Pois sim, essa é boa."

"Tudo é o Eu", disse o viajante, "o assassino e o assassinado, o perverso e o bondoso. Mas aquele que mata por orgulho ou por sua própria vida, não alcança o Conhecimento deste Eu. Somente atinge o Eu aquele que o adora em tudo. Na verdade, ninguém é mau e ninguém é bom; há apenas aqueles que fecham os olhos para o Eu, e aqueles que, fechando os olhos para tudo o mais, os abrem para o Eu".

"Por favor, fale-me mais sobre o Eu, senhor", disse Bukshee.

"Na verdade, foi somente por ele que prendi seu braço no ar", disse o viajante. "Venha, vou falar-lhe sobre ele".

Saiu do caminho e dirigiu-se para o local atrás da árvore onde Bukshee ficava emboscado, como se soubesse desde sempre da sua existência. E ali os dois homens, sentados de pernas cruzadas, encararam-se — e o viajante falou a Bukshee, dando-lhe sua primeira instrução sobre a vida espiritual.

"Para começar, você deve seguir o caminho da retidão", disse, "pois somente assim suas más ações serão compensadas, seu coração e sua mente serão purificados e estarão aptos a receber o Conhecimento do Eu. Somente depois que tiver vivido como vou ensinar e tiver limpado seu coração e sua mente, estará pronto para a iniciação. Quando esse tempo chegar vou mandar-lhe chamar. Agora escute com atenção, pois falarei sobre o tipo de vida preparatória para o Conhecimento do Eu".

Então o viajante passou a instruir Bukshee sobre a honestidade, o não roubar e o não causar dano. Deveria prestar culto três vezes ao dia (a *Shiva* e não a *Kali*) e conseguir comida mendigando — até mesmo "dos chacais e dos coelhos", vendo neles apenas o Senhor e, em sua generosidade, a graça do Senhor. Ele deveria desfazer-se da faca e, com ela, da memória do passado; deveria também refletir sobre a glória de Deus que vive igualmente no mais ínfimo dos vermes e no mais nobre dos monarcas, e cuja piedade é infinita.

"É claro", acrescentou o viajante, "que levará algum tempo para anular os cinqüenta e dois assassinatos, porque cinqüenta e duas vezes a faca foi enterrada em sua mente, deixando cicatrizes. Mas tenha paciência. O que é o tempo comparado à Eternidade que obterá? Um milhão de anos é como um centavo comparado ao tesouro ilimitado da Eternidade. Seja paciente, meu filho, e faça como eu digo. Deus certamente verá seu esforço e o ajudará a avançar".

Bukshee inclinou a cabeça perante o instrutor. "Senhor", disse, "aprendi que o Eu é também um oceano de compaixão, senão, por que outro motivo o senhor me ensinaria?"

Assim dizendo, atirou a faca numa moita atrás da árvore.

"Muito bem!" — disse o viajante. "Agora tome esta tigela e peça esmola ao primeiro viajante que passar". Ele tirou da trouxa sua tigela de barro e a presenteou a Bukshee.

Não demorou muito e um grupo de viajantes apareceu à distância na estrada. Andavam apressados, olhando para os lados. À medida que se aproximavam, o velho sentimento, uma mistura de medo, excitação e desprezo, surgiu espontaneamente em Bukshee e, aparentemente por uma vontade automática, sua mão fechou-se como se agarrasse o cabo de uma adaga. Então, de repente, toda a situação em que se encontrava pareceu-lhe ridícula ao ponto de não ser real. Ele olhou para trás, para o lugar na moita onde sua faca havia sumido.

"É mais difícil mudar a mente do que mudar o curso de um rio caudaloso", disse o viajante, como se falasse sozinho. "Só os homens verdadeiramente fortes e independentes podem submeter-se às instruções do guru e fazer suas mentes cumprirem os desejos corretos. Julguei Bukshee capaz de governar sua mente, entretanto, num piscar de olhos, ele novamente se tornou escravo de seus hábitos".

Ao ouvir as palavras do instrutor, Bukshee ficou envergonhado e, ao mesmo tempo, um ímpeto de força e decisão encheu o seu ser. Tomando a tigela nas mãos, encaminhou-se para a estrada.

Os viajantes detiveram-se como se vissem um tigre diante de si mostrando os dentes; os homens pegaram suas facas.

"Amigos", disse Bukshee apressadamente, com esforço, as palavras soando estranhas em seus lábios, "não tenham medo. Quero apenas pedir um pouco de arroz. Não desejo fazer-lhes mal".

Bukshee encaminhou-se para a estrada.

Para ele foi como se um peso tivesse desaparecido, e a tensão no ar rompeu-se. Os viajantes riram e, colocando as facas de lado, aproximaram-se de Bukshee.

"Nós o confundimos com um bandoleiro", disse um deles, rindo de sua própria tolice. "Saindo assim tão de repente das árvores, você nos assustou. Está precisando de algo? Desculpe-nos. Esta estrada é muito perigosa; é preciso ter cautela". Enquanto isso, todos os viajantes abriram suas trouxas, colocando uma porção de arroz, do pouco que tinham, na tigela de Bukshee.

Será que os viajantes sempre foram assim, perguntou-se Bukshee — confiantes e simples como crianças e bondosos como pais? Será que foi sempre assim? Será que apenas aos seus olhos eles pareciam tolos e hipócritas? Parecia-lhe haver entrado num mundo completamente novo; um mundo no qual ele ainda não sabia como agir. Em vez de agradecer aos viajantes, lágrimas rolaram por seu rosto e ele disse: "Perdoem-me".

"Pelo quê?" — um deles perguntou.

"Ele está pedindo desculpas por ter nos assustado", explicou outro.

O primeiro homem riu. "Não foi culpa sua. Dizem que há um bandoleiro feroz e cruel que de vez em quando fica de tocaia nesta parte da estrada, e ataca viajantes. Foi com ele que o confundimos. Apenas a ele temos que culpar por nosso medo".

"Perdoem-no", disse Bukshee triste.

O homem riu outra vez. "*Perdoar* a ele! Sim, dizem que o Senhor habita até mesmo no coração do mais ínfimo ladrão e assassino, mas apenas um santo pode vê-Lo ali. Nós, chefes-de-família, temos nossas esposas e filhos para cuidar. Certamente é nosso dever levantarmos nossas armas quando interceptados por um bandoleiro. Não, apenas um Conhecedor de Brahman tem o poder de perdoar. Pela graça do Senhor, que você se torne um deles". Dizendo isso, o homem saudou Bukshee e o grupo seguiu seu caminho pela estrada.

"Muito bem!" — disse outra vez o viajante quando Bukshee voltou para a árvore e ofereceu-lhe o arroz. "Esta comida é realmente pura". Pegou alguns grãos e amarrou-os na ponta de um pano. Depois, colocou as mãos na cabeça inclinada de Bukshee e o abençoou. "Seja forte, meu filho", disse, "e vencerá. Seu coração, agora, como o barro desta tigela, irá transformar-se em puro ouro".

Então, pegando o bastão e a trouxa voltou para a estrada, tão alto e majestoso aos olhos de Bukshee como um rei entre os homens, melhor ainda, como o rei dos deuses. E Bukshee conheceu um sentimento novo: era como se seu coração e sua mente tivessem sido lavados em águas claras e frescas, e estivessem agora limpos de todo pó negro do temor e da culpa. Toda a terra pareceu-lhe um lugar sagrado repleto de homens santos, onde se podia caminhar ereto e sem medo.

Por vários dias este sentimento de exaltação, força e pureza não o abandonou e ele se lançou à nova vida com avidez. Seus pecados pareciam desprender-se dele como a velha casca de uma serpente ou as folhas mortas que caem de uma árvore, dando lugar a brotos novos e puros. Ele prestava culto ao Senhor com devoção, esmolava sua comida e a comia como uma oferta ao Senhor que habitava seu coração; olhava para todos os homens e feras como se fossem formas diferentes de Deus e via a si mesmo como servidor delas. Evitava as antigas companhias. Se num dia de esmola não recebia comida, ficava com fome em vez de caçar pássaros. À noite dormia profundamente, sabendo que todas as criaturas eram suas amigas.

Mas depois de alguns dias começou a sentir falta de aventura e, ao mesmo tempo, um enorme peso de culpa começou a avolumar-se diante dele como uma tela negra e impenetrável, cobrindo a luz que havia conhecido na companhia do instrutor. "Não apenas meus pecados passados são como montanhas enormes", pensou consigo mesmo, "como agora anseio por acrescentar outros a eles. Sou mesmo um miserável incurável". A depressão tomou conta dele e se acusava de tolo por tentar imitar um santo, e de fraco por desejar a antiga forma de vida.

Então as palavras do instrutor surgiram vívidas em sua mente e ele sentiu que devia agir com vigor, como alguém que abre caminho numa selva impenetrável à procura de luz e terra aberta. "Seja forte, Bukshee", disse a si mesmo. "Você não é forte? Seja mestre de sua mente e servo do Senhor. Seja um homem, Bukshee, e alcance a salvação".

Protestando consigo mesmo dessa forma, os dias passavam na nova vida árida e aparentemente sem propósito e, lentamente, ele se acostumou com sua tigela de esmolas e sua solidão. Pouco a pouco, o desejo de sentir o cabo sólido da faca em sua mão e a irresponsabilidade estimulante dos velhos tempos o deixaram. Ainda assim, por mais que rezasse, não se livrava do peso da culpa; nem suas boas ações pareciam contrabalançar aquele peso, nem suas orações abalaram, por pouco que fosse, a culpa que sentia. Mas ele seguiu, esmolando, cultuando e rezando e, pelo menos — dizia a si mesmo — não acrescentando outros pecados à sua carga.

Cinco anos passaram-se desta maneira sem qualquer sinal do instrutor. Isso não pareceu estranho a Bukshee, pois duvidava que mesmo em cinqüenta e duas vidas virtuosas pudesse anular os seus pecados e obter liberdade. Entretanto, seguiu adiante, lembrando-se que seu instrutor dissera que um milhão de anos era um preço pequeno a pagar pela Eternidade.

Outros cinco anos passaram-se. Bukshee ficou muito magro e apesar de seu corpo ainda ser forte, pois caminhava muitos quilômetros todos os dias, não era mais o jovem bandido orgulhoso que ostentava sua faca perante a lei e o destino; agora era humilde e falava gentilmente com todos. Se encontrasse os companheiros dos velhos tempos, com certeza não o reconheceriam, mas não se importava com isso; perdera todo o desejo pela companhia ou estima deles. Agora ansiava apenas por ouvir a voz do instrutor e por ver com os próprios olhos a Deus, a quem continuamente invocava.

Certo dia Bukshee caminhava por uma estrada da floresta, vindo de uma aldeia onde havia pedido a refeição do meio-dia. O ar estava pesado devido ao calor; a floresta parecia respirar demoradamente como se estivesse adormecida. Só de vez em quando as asas brilhantes de um pássaro surgiam entre os galhos e um macaco resmungava impaciente. A mente de Bukshee voltou para o dia, dez anos atrás, em que nesta mesma estrada, no mesmo lugar, ele encontrara seu instrutor; sentiu seu coração apertado de saudades. "Vou mandar chamá-lo", tinha dito o instrutor, "quando estiver pronto para a iniciação". Quanto tempo mais teria que esperar? Anos? Vidas? Ainda deve persistir em mim alguma coisa do meu eu anterior, uma sombra do passado como uma mancha horrível na alma, pensou. E, para dizer a verdade, ele às vezes sentia o abismo escuro da culpa dentro de si e se perguntava se havia mudado de fato, se não era o mesmo velho bandoleiro, capaz de pecar como sempre. Enquanto caminhava pela estrada, o tempo não parecia passar, mas parecia empurrá-lo para o chão como se uma mão quente e inerte — uma mão incrivelmente pesada, pressionasse seu peito dolorosamente. Esse foi o único aviso que Bukshee teve antes de perder a consciência e cair na estrada. Sua tigela rolou da bolsa para a poeira.

Subitamente, Bukshee ouviu um grito estridente de socorro. Levantou-se num salto, plenamente consciente e correu na direção do som. Uma jovem mulher corria na curva fechada da estrada, os olhos cheios de medo. Atrás dela, perseguindo-a de perto, havia um homem que Bukshee reconheceu logo como sendo um velho companheiro de juventude, um bandoleiro impiedoso, atrevido e cruel.

A garota correu para Bukshee e atirou-se a seus pés. "Salve-me!" — implorou.

O bandoleiro riu, mostrando os dentes negros e as gengivas vermelhas. Com destreza, tirou uma faca do cinto.

"Como é que um mendigo maltrapilho poderia salvar você?" — zombou. "Não se meta, companheiro, e poupe-me o trabalho de usar a faca". Esticou-se para agarrar a moça.

No mesmo instante, Bukshee percebeu o que devia fazer. Logo a habilidade e a agilidade de sua antiga profissão ressurgiram e ele desferiu um golpe certeiro no bandoleiro, sem, contudo, machucá-lo. Então, segurando seu pulso, ele o torceu até a faca cair no chão. Bukshee atirou a faca longe, nas moitas, e gritou para a moça correr, parado de braços cruzados na frente do bandoleiro.

Furioso, o bandoleiro puxou uma segunda faca do cinto e a teria lançado no coração de Bukshee se este não o golpeasse novamente, desta vez deixando-o atordoado. O bandoleiro caiu. Bukshee parecia possuído de uma agilidade e força sobrenaturais; poderia com facilidade ter matado o antigo amigo. Tirou a segunda faca dele e a atirou no mato e, segurando a corda que o bandoleiro usava como cinto, amarrou firmemente suas mãos nas costas. Enquanto fazia isso, viu que as mãos rudes e enormes do bandoleiro estavam manchadas de sangue fresco. Compreendeu horrorizado que ele havia matado alguém recentemente, provavelmente uma pessoa ou as pessoas com quem a jovem viajava. Limpou suas mãos sujas de sangue na grama e sacudiu o bandoleiro. "Levante", disse.

O bandoleiro agarrou-se a seus pés. "Desamarre minhas mãos seu idiota!"

Com repugnância Bukshee pegou uma terceira faca comprida, manchada de sangue, que havia caído do cinto do bandoleiro. "Ficaremos aqui até a moça chegar à aldeia", disse.

Ele torceu a faca até cair no chão.

O bandoleiro olhou para Bukshee com ódio e medo, os dentes cerrados numa careta, os olhos injetados. "Aí vem alguém", rosnou devagar, com voz baixa, olhando por cima dos ombros de Bukshee. “Solte-me! Devolva minha faca. Vou roubá-lo e dividir com você tudo que ele tiver. Rápido!”

Bukshee riu e atirou a terceira faca no mato onde já estavam as outras duas. Mas não se descuidou do bandoleiro. De fato havia um jovem caminhando na direção deles; estava vestido de branco, com a cabeça raspada. Chegando perto, ele mostrou uma tigela.

“Isso pertence a algum dos senhores?” — perguntou. Era a tigela de Bukshee, que tinha caído quando ele correu para socorrer a moça.

“É minha”, disse Bukshee.

“Um *brahmacharin*[1]!” — exclamou o bandoleiro, cuspindo enojado.

O jovem devolveu a tigela a Bukshee. “Pelas marcas na tigela percebi que ela pertenceu ao meu mestre. Então é você que ele me mandou chamar. Por favor, venha comigo; meu mestre quer vê-lo”.

“Ele mandou me chamar?” — gritou Bukshee feliz e olhou para o bandoleiro. “Não posso deixar esse infeliz amarrado desse jeito. Seria uma presa fácil para as feras”.

“Solte-me então!” — disse o bandoleiro.

“Para que você saia por aí roubando e matando?” — perguntou Bukshee.

“Não, não! Nunca mais vou fazer mal a ninguém. Eu juro! Solte-me!”

Bukshee sorriu.

---

[1] Estudante dos Vedas que pratica celibato. (N. da ed. bras.)

"Bem", disse o *brahmacharin*, "se não pudermos deixá-lo amarrado e se também não pudermos deixá-lo partir, o que faremos com ele?"

As palavras atingiram Bukshee como um soco. Havia apenas uma coisa a fazer. Teria que levar este assassino manchado de sangue até seu instrutor! Não havia escolha, a não ser levar esta sombra negra de seu passado, ainda mais que este passado estava inextrincavelmente aderido a ele, visível, repugnante, inegável. A vergonha feriu o coração de Bukshee.

O bandoleiro o olhava com ódio e em seus olhos vermelhos e esbugalhados Bukshee viu o medo puro e simples de que ele, Bukshee, pegasse uma das facas do mato e o matasse. Viu também naqueles olhos cheios de ódio o temor de longas noites passadas na floresta e de dias perversos — um medo sem fim, penetrante. Sentindo uma súbita onda de compaixão disse: "Venha com a gente, então. Só o fato de ver meu mestre pode mudar sua vida — ou vidas. Só de vê-lo! Venha com a gente". Fez um gesto para que o *brahmacharin* mostrasse o caminho.

Em silêncio, deixaram a estrada e caminharam em fila única até a floresta, o *brahmacharin* na frente, depois o bandoleiro, e por último Bukshee, que mantinha os olhos cravados nas costas do bandoleiro, pois conhecia muito bem o antigo companheiro habilidoso e traiçoeiro. Mas apesar de permanecer alerta, repetia sem parar um mantra e ondas de intensa alegria fluíam através dele. Em outros momentos, olhando para as mãos manchadas de sangue do bandoleiro, sorria em pensar no grande acontecimento que poderia estar aguardando por este cruel desesperado — o milagre da transformação. Esqueceu a própria repugnância e vergonha.

Quando caiu a noite chegaram a uma clareira. A lua brilhava e refletia-se no chão da floresta; não havia vento; nada se movia. O espaço amplo parecia vazio, exceto por algumas árvores caídas e alguns tocos prateados pela luz da lua. Então os olhos de Bukshee lentamente distinguiram a forma de um homem, os cabelos longos e emaranhados, sentado de pernas cruzadas sobre o tronco de um carvalho caído. Bukshee ficou parado no escuro, olhando fixamente para o homem santo (pois isso claramente ele era), e finalmente reconheceu o seu instrutor. Sentiu o coração queimar de alegria ao vê-lo. Não conseguiu mover-se nem desviar o olhar. Lágrimas rolavam-lhe pelo rosto. Um grito de alegria escapou de seus lábios.

"Quem está aí?" — perguntou o santo.

"Sou eu, Bukshee". Sua voz era quase um sussurro.

"Bukshee! Aproxime-se, meu filho. Por que está aí parado no escuro? Chegue mais perto".

Bukshee deu um passo e ficou iluminado pela luz da lua.

"Você encontrou o caminho até aqui!" — exclamou o santo. "Aproxime-se para eu não ter que gritar".

"Senhor", disse Bukshee, dando mais dois passos para dentro da claridade. "Seu discípulo trouxe-nos até aqui".

"Meu discípulo? Nós? Há mais alguém então nas sombras?"

Quem está aí.

Bukshee olhou para trás; não havia ninguém. Procurou por toda parte na floresta e sentiu um medo terrível. Enquanto estava lá parado, arrebatado pelo êxtase, o bandoleiro tinha soltado as mãos, estrangulado o *brahmacharin* e fugido.

"Ah, senhor!" — gritou. "Senhor! Seu discípulo! ...o bandoleiro! Eles se foram! Aconteceu uma coisa terrível!" Dizendo isso, colocou a cabeça entre as mãos e chorou.

O instrutor de Bukshee levantou-se. O corpo alto brilhava à luz da lua. "Acalme-se", disse com voz amável e firme. "Por que está chorando, meu filho? Você trouxe o bandoleiro até mim. Você acha mesmo que eu não sei? Agora ele se foi. Partiu para sempre. Quanto ao meu discípulo — você é meu discípulo. Não havia ninguém mais, exceto você. Venha! *Não há ninguém mais exceto você* ", repetiu cada palavra lentamente. "*Você encontrou o caminho. Ouça-me! Venha*!"

As palavras do instrutor finalmente penetraram na mente de Bukshee. Ao ouvi-las o fardo da culpa saiu de cima dele, como quando despertamos plenamente de um sonho. O *brahmacharin* não fora assassinado. Compreendeu que estava livre, puro. Simultaneamente, compreendeu algo mais. Com alegria e assombro, percorreu a distância que o separava do Senhor Shiva e prostrou-se diante de Seus pés.

Os viajantes aproximaram-se do corpo de Bukshee deitado na estrada. Uma jovem do grupo deu um grito, correu até onde ele estava e abaixando-se escutou seu coração. "Está morto", disse aos companheiros. Pegou sua tigela de barro. "Que bonita que é! Brilha como se fosse de ouro!"

Carregaram o corpo de Bukshee até a aldeia, onde foi cremado com honrarias pelos aldeões, que o conheciam bem.

6

Niranjan, o Erudito

Às vezes, os campos planos de arroz em volta da pequena aldeia no coração da Índia ficavam inundados e as palmeiras ao longo do dique refletiam-se nas águas tranqüilas. Mas agora eles estavam tão ressecados e sem vegetação que parecia que a vida jamais tornaria a brotar deles.

Pela trigésima manhã seguida, Niranjan postou-se do lado de fora da cabana e procurou sinais das nuvens negras, pesadas de chuva, que já deveriam ter chegado do sul. Mas, como sempre, o céu estava limpo; apenas uma neblina tênue obscurecia o horizonte e, embora o sol recém-houvesse surgido, o ar já se tornava cada vez mais quente.

A esposa de Niranjan, Prema, andou em sua dircção, vinda do tanque da aldeia, onde se banhara numa água rasa. Carregava num ombro um grande jarro de barro; e no outro sua longa cabeleira negra caía, deixando a água pingar. Ele a esperou, observando a poeira subir em pequenas lufadas em volta de seus pés descalços. Quando chegou perto dele, ela colocou o jarro no chão e sentou-se num banco para secar os cabelos. Depois, juntos, entraram em casa para prestar o culto matinal no pequeno santuário.

Eram pessoas boas e piedosas. Niranjan conhecia muito bem as escrituras e sabia de cor os Vedas, que recitava horas a fio. Servia de sacerdote a várias famílias da aldeia, oficiando as cerimônias realizadas em todos os acontecimentos importantes da vida. Em troca de seus serviços os aldeões davam-lhe o que podiam, de acordo com suas posses, e assim sua situação material melhorava ou piorava acompanhando a situação dos aldeões. Ele se satisfazia com pouco e todos sabiam que realizava as cerimônias de adoração com o mesmo esmero, fosse para o mais pobre dos homens, fosse para o mais rico, quando todo tipo de frutas e grãos eram oferecidos à Deidade — e mais tarde compartilhado pelo sacerdote.

Quando Niranjan e Prema terminaram o culto matinal, dirigiram-se ao pátio atrás da choupana, semicerrando os olhos por causa da luz forte. O sol estava alto agora e o céu havia perdido as cores profundas, absorvidas pelo calor. Niranjan levava consigo um manuscrito, que segurava com as duas mãos com tanto cuidado como se fosse algo vivo. Caminhou até seu banco à sombra de uma árvore no canto do quintal. Ali sentou-se de pernas cruzadas e, usando como mesa um banco baixo, logo se concentrou nos versos em sânscrito que algum erudito anterior a ele havia copiado meticulosamente de um texto antigo.

Tudo estava em silêncio, como se, por causa do calor, nada pudesse mover-se ou falar. O chilreio dos pássaros era abafado e o grito distante dos falcões inexpressivo e mecânico. Quem compraria contas e temperos com a fome rondando? Quem cantaria com sentimento? Prema estava ocupada no puxado aberto que servia de cozinha, contíguo à cabana. Preparava uma refeição frugal de arroz. Mal havia o suficiente para encher uma tigela e nada com que temperá-lo. Ela retirou os últimos grãos do fundo do pote de arroz e jogou-os na água fervendo. Vamos comer outra vez só pela vontade de Deus, pensou. Quando o arroz estava cozido, ela saiu e foi chamar o marido para almoçar. Mas Niranjan não a ouviu direito. Ele levantou os olhos do manuscrito com uma expressão séria e ansiosa no rosto.

"Seja quem for que fez esta cópia", disse, batendo na página escrita em sânscrito, "cometeu um erro grave".

Prema suspirou, compreendendo que o marido queria expor algum aspecto intrincado do seu conhecimento. "Como assim?" — perguntou pacientemente. Parecia-lhe extraordinário que o cérebro dele pudesse trabalhar com tanta clareza naquele calor e ainda mais numa situação ameaçada pela seca.

"Ele escreveu aqui", continuou Niranjan, traduzindo do sânscrito, "'Aqueles que meditam em Mim como não-separados, cultuam-Me em todos os seres; para estes tão intensamente dedicados, eu carrego o que lhes falta e preservo o que já possuem'. O que se pretendia dizer, na verdade, era 'Eu dou', e não 'Eu carrego'. É absurdo supor que o Senhor Supremo do universo carregue alguma coisa para seus devotos".

Prema fez com o pé um círculo na poeira, contemplando o desenho. "Talvez", disse timidamente, "o Senhor ame tanto Seus devotos ao ponto de carregar coisas para eles".

Seja quem for que fez esta cópia, cometeu um erro grave.

Niranjan emitiu um som impaciente com a língua. “Você não entende estas coisas”, disse. “A diferença entre *carregar* e *dar* em sânscrito é sutil, mas importante. Deixe-me explicar. É claro que o Senhor ama Seus devotos. É por

Sua graça que todas as coisas são possíveis. Quer dizer, Ele cria as circunstâncias onde Seus servos possam realizar seus desejos. Tudo que acontece passa por Sua vontade. No ano passado eu fiz a cerimônia para Balaram rogando ao Senhor que lhe concedesse uma graça e permitisse que tivesse um filho homem, não foi?"

O rosto de Prema iluminou-se. "E que belo menino enviou-lhe o Senhor! Ele ri da manhã à noite e sua pele é dourada como..."

Niranjan ergueu a mão. "Sim, sim", disse, "mas o que estou querendo dizer é que o Senhor *deu* o menino a Balaram, Ele não *carregou* o menino em Seus braços para Balaram. Você imaginaria que o Senhor do universo, o Supremo, pudesse rebaixar-se desse jeito? Por acaso um rei carrega os objetos que seu povo lhe pede? É claro que não! Ele *concede* os pedidos. Ele coloca em movimento poderes que tornarão possível a seus súditos realizarem seus desejos — se achar que merecem". Niranjan citou um longo verso em sânscrito das escrituras para ratificar seu argumento. Foi uma recitação inútil para sua esposa, pois ela não entendeu uma palavra.

"O arroz vai esfriar", disse. E então, de um jeito que ele não se sentisse ofendido, acrescentou, "Por favor, explique-me isso melhor. Um rei muito benevolente não carregaria presentes para seus súditos se estivesse satisfeito com sua lealdade? Não existiram reis que distribuíram seu tesouro aos pobres? E o próprio Senhor Krishna não doou um palácio a Vidura?" Ela estava mencionando uma história famosa na Índia.

Antes de responder, Niranjan folheou o manuscrito, entrou em casa e ofereceu o arroz ao Senhor com as mãos postas, depois, habilmente, fez um bolinho com os dedos e o jogou na boca.

"Um rei", disse pacientemente, "preside a doação de presentes. Ele não os carrega pessoalmente, de porta em porta. Que idéia! Quanto a Sri Krishna, a palavra que você usou é correta: doar. Ele *doou* o palácio, pois estava contente com a devoção de Vidura. Por acaso Ele carregou o palácio em Suas costas? Não, não é necessário ao Senhor carregar coisas. Seu poder é tão grande que Ele precisa simplesmente desejar e tudo se realiza. De fato, o exemplo que você deu é um caso ilustrativo deste ponto". Niranjan terminou de comer o arroz da tigela e lavou as mãos na água que Prema despejou para ele. Então cruzou os braços. "Vou dar outro exemplo. O sol não desce do céu para dar vida à terra cuidando pessoalmente de cada folhinha de grama, mas, com sua luz, ele faz toda a terra florescer. Pode ver a diferença?"

Prema tirou a tigela vazia de Niranjan. "Não é de sol que precisamos agora", disse suspirando. "Você não pode orar para pedir chuva? Com certeza o Senhor o ouvirá".

Niranjan sacudiu a cabeça e sorriu diante da simplicidade da esposa. "Eu já não orei? Tudo depende da vontade Dele. Orações e cultos não fazem chover, assim como o pedido de uma criança não se cumpre por si só. O pedido é necessário, é claro, mas se ele será atendido ou não depende da vontade da mãe. Bem, não se preocupe. Por que deveria preocupar-se com estas sutilezas?" Ele voltou para o pátio e sentou-se outra vez com o manuscrito.

"Traga-me a tinta e a caneta", pediu. "Este é realmente um erro deplorável!" Outra vez bateu na página e sacudiu a cabeça, não acreditando que um erudito pudesse cometer um erro assim. "No original em sânscrito está escrito: 'Eu dou', não há dúvida. Um copista jamais deveria interferir nos manuscritos, mas quem sabe sua vista não era boa".

Enquanto Niranjan murmurava para si mesmo, Prema trouxe-lhe a tinta e a caneta. A terra quente queimou-lhe as solas dos pés ao atravessar o pátio correndo. Havia tristeza em seu coração, ela não conseguia descobrir a causa — o calor, talvez, ou a ameaça de fome na aldeia.

Niranjan mergulhou a caneta no tinteiro, enquanto ela o segurava. Então, enfaticamente, riscou com duas linhas pretas a expressão, "Eu carrego" e escreveu acima dela, com uma letra caprichada, "Eu dou".

"Agora sim, está como deveria ser", disse. "O Senhor graciosamente me fez Seu instrumento ao corrigir este erro".

"Meu querido", disse Prema, "o pote de arroz está vazio. Não teremos o que comer a menos que você peça na aldeia. Mas com certeza nossos amigos querem economizar para o caso de haver seca. O que poderão nos dar?"

"Seja o que o Senhor quiser", Niranjan respondeu. Levantou-se. "Vou pedir primeiro a Shashadhar, pois seus campos são extensos. Veja como são as coisas. O Senhor irá conceder-nos alimentos ao amolecer o coração de Shashadhar. Ele não os carregará até nós em Sua cabeça". Riu zombando da idéia.

"Eu não sei, não", disse Prema, e seu coração encheu-se outra vez de tristeza.

Niranjan sorriu e deu umas palmadinhas de leve no queixo de Prema. "Tudo bem", disse suavemente, "você não sabe. Mas *eu* sei". Calçou as sandálias e ajeitou o cordão sagrado que cruzava seu peito do ombro até a cintura. Prema trouxe o pote de barro da cozinha, no qual ele recolheria tanto grão quanto possível; e ele desceu pela estradinha que levava até o centro da aldeia.

Prema lavou bem a tigela e a panela de barro. A seguir, fez uma massa de terra e esterco de vaca com um pouco da água que trouxera do poço e a espalhou na parede dos fundos e no chão da cozinha, purificando-as. Fez o mesmo no chão da cabana e, depois, sentou-se dentro de casa e pôs-se a tecer o pano de uma vestimenta.

Uma tristeza indefinida ainda pairava como uma nuvem em seu coração. Pensou nas palavras do marido, que não podia colocar em dúvida, pois ele era um homem dotado de grande conhecimento e ela uma mulher ignorante. E, no entanto, a quem ela oferecia comida e a quem prestava culto no santuário, senão ao amado Senhor? Será que Ele apenas ficava sentado no céu remoto e esplêndido, presidindo sobre suas vidas para o seu bem, sem misturar-Se entre eles como Amigo deles? Era difícil de compreender esta maneira de visualizar o Senhor, pois assim como ela havia carregado coisas para Ele, da mesma forma na imaginação dela, Ele, em Sua infinita graça, carregaria coisas para ela, se ela estivesse em grande necessidade, ou com Suas próprias mãos tiraria as coisas dela, se esta fosse Sua vontade. Pensar de forma diferente era o mesmo que ofendê-Lo — feri-Lo. "Seja qual for Sua vontade, este também é o desejo de meu coração", ela murmurava como se falasse a alguém que estivesse deitado ao lado dela. "Se o Seu desejo é que eu passe fome, a agonia me será doce". Na verdade, a agonia da fome era aguda, mas pensando que aquilo era o que o Senhor queria, ela não se importava e, logo, concentrando-se em sua proximidade e doçura, esqueceu-se totalmente de si e também as palavras eruditas ditas pelo marido, que O tiravam dela e O transformavam em um monarca distante.

Mesmo dentro de casa o calor era como um fogo vivo, que se infiltrava em cada canto e fresta. Mal dava para respirar. Os pássaros tinham parado de chilrear e nenhuma voz vinha da aldeia. O zumbido da roca de Prema era o único som audível, e até mesmo este parecia ser a voz do calor. Então, de repente, inacreditavelmente, ela ouviu a melodia distante de uma canção. O cantor tinha uma voz jovem, clara, e as notas fluíam uma após a outra, como gotas de água fresca. Era como o som que se ouve quando os grãos germinam e cobrem os campos como um vestido longo, novo, verde — um som alegre e despreocupado. Ficou mais alto à medida que o cantor subia pela estradinha em direção à cabana. Prema sorriu para si mesma. Qual jovem da aldeia que teria tamanha disposição para cantar num dia tão opressivo? E quem cantaria tão belamente, que o som parecesse o próprio frescor? Parou de tecer e foi até a soleira da porta, esperando-o passar, tentando adivinhar quem seria.

O jovem cantor surgiu.

Então, na curva da estrada, surgiu o jovem cantor — um menino de pele dourada de quinze ou dezesseis anos. O corpo era esguio e cheio de graça e carregava na cabeça uma cesta enorme. Prema nunca o tinha visto antes. Não era um habitante da aldeia. E, no entanto, parecia alguém que conhecia. Quando se aproximou, ela pôde ver que seus olhos profundos e luminosos sorriam para ela. Fundo dentro de si pareceu-lhe reconhecê-lo, mas não conseguia lembrar quem era. Devolveu-lhe o sorriso.

Então, com um movimento suave, o menino tirou a cesta da cabeça e a depositou a seus pés. Quando ele se abaixou, ela viu que ele tinha dois horríveis vergões inflamados nas costas, como se um chicote tivesse ferido recentemente sua pele. Dava para ver o sangue pulsando nas marcas, e ela deu um pequeno grito. Quem poderia ter chicoteado este belo menino, que com certeza era a própria personificação da bondade?

"Quem fez esta maldade?" — disse alto.

O menino retesou-se e sorriu com tamanha inocência que a raiva dela diante da crueldade aumentou.

"Qual maldade, mãe?" — ele perguntou.

"Estas marcas em suas costas! Quem foi que lhe bateu assim?"

"Foi seu marido, mãe", respondeu, feliz por dar-lhe a informação solicitada. "Seu marido Niranjan fez isso hoje ao meio-dia".

Prema fitou-o incrédula e, então, pela primeira vez olhou para a cesta a seus pés. Estava cheia de frutas, verduras, temperos, grãos e outras iguarias que os aldeões raramente viam. Apesar do sol queimar sua pele, ela sentiu-se gelar de repente. O marido ficou louco! A imagem do que havia acontecido subitamente ficou clara em sua mente: louco com o calor, tinha cruzado com o menino na aldeia com toda esta comida. Ele havia chicoteado o menino e o forçado a trazer a comida aqui. E o menino, assustado e, talvez, um pouco ingênuo, fez isso.

"Não posso acreditar...", murmurou. "Ele é um homem tão bom! Não pode ter sido ele. Meu menino, você tem que levar esta cesta embora. Leve-a para onde estava indo antes de encontrar meu marido. Ela não se destina a esta casa. Você deve perdoar meu marido, não era ele mesmo".

O menino olhou-a como um filho que não suporta ver a mãe sofrendo. Mas, ao mesmo tempo, sorriu como se soubesse que seu sofrimento não tinha razão de ser.

"Não, mãe", disse. "É para você. Fique em paz".

Quando ele falou ela acreditou. Em sua expressão não havia a menor sombra de insinceridade nem ele era, pôde ver bem, assustado ou ingênuo. Só o fato de olhar para ele a enchia de indescritível alegria. Tentou imaginar, novamente, o terrível pecado cometido por Niranjan e não conseguiu. De algum modo seu coração estava em paz.

O menino juntou as mãos e inclinou a cabeça em saudação. Então, sorriu de modo quase maroto, e um riso contagiante e incontrolável fluiu dos seus olhos tocando o coração dela.

"Seja abençoada, mãe", disse. Então, casualmente, como se em breve fosse vê-la novamente, virou-se e desceu a estradinha, cantando a mesma canção despreocupada.

Prema carregou a cesta de comida para dentro de casa. Depois, sentou-se em baixo da árvore no pátio, sem vontade de continuar tecendo. A alegria que sentia parecia uma fonte derramando-se em todo seu ser. Era como se tivesse ido a um festival primaveril onde ela e o menino riram e conversaram; agora ela queria demorar-se em cada segundo do que acontecera. E, contudo, havia as horríveis marcas vermelhas feitas por seu marido! Tentou não pensar nisso até que ele voltasse.

Não passou muito tempo e ela ouviu os passos dele na estrada. Abaixou os olhos e ficou esperando sua sombra aparecer projetada no pátio. Logo ela surgiu, negra contra a terra brilhante.

"Shashadhar quer economizar seus grãos para quando a seca chegar", disse. "Ele tem muito pouco de reserva, mal deu para encher meia tigela. Isso terá que bastar para hoje à noite".

Ele estava realmente louco. Lentamente ela ergueu os olhos. Não, era o mesmo Niranjan — os mesmos olhos penetrantes e gentis, a mesma boca levemente curvada para baixo. Bem, seu cabelo estava desordenado, mas mais parecia uma criança do que um louco. Ela sabia que quando ele estava aborrecido tinha o hábito de passar a mão na cabeça virando o cabelo para o lado oposto. Sorriu, sem se dar conta, pois ele, apesar de todo seu conhecimento, não passava de uma criança vulnerável e sincera. Mas, mesmo assim, tinha feito esta coisa intolerável! Fechou a carranca.

"O que aconteceu?" — perguntou Niranjan. "O que está olhando?" Ele passou a mão no rosto para tirar alguma poeira que pudesse estar ali.

"Meu querido", ela começou tranqüilamente, "você enviou um menino aqui com uma enorme cesta de comida. Está lá dentro de casa. Como é que pôde bater num menino tão belo? Como é que pôde! Quem é ele? De onde surgiu toda essa comida? Não pode ser para nós. Ele tinha dois vergões nas costas. Disse que você fez isso nele! Um menino tão bonito!" Ela começou a chorar, sem saber se as lágrimas eram de alegria ao lembrar do rosto do menino, ou de pesar pelas marcas do chicote. "Ele era como um deus", ela soluçou. "Como é que você pôde fazer isso?"

Niranjan olhou-a alarmado. "É o calor", pensou consigo mesmo, "ou a falta de comida". Entrou rapidamente na cabana para ver se encontrava algum remédio que pudesse dar à pobre esposa. Remexeu nas prateleiras onde eram guardadas as ervas, encontrando apenas vidros vazios. Olhou vagamente pela sala, esperando que por milagre seus olhos encontrassem algum remédio apropriado — alguma erva ou poção. Então, quando os olhos acostumaram-se à escuridão, viram a enorme cesta de grãos e frutas na soleira da porta. Durante algum tempo ficou olhando estupefato, sem compreender. Então, aproximando-se da cesta, tocou uma manga fresca, impossível de estar ali. Era real. "Um menino belo..." Como que atingido por um raio, Niranjan compreendeu.

Agora, realmente como um louco, saiu da cabana para o pátio e ali, sacudindo as mãos e respirando com dificuldade, folheou as páginas do manuscrito até encontrar os versos que estivera estudando pela manhã. Deu um grito. Se era um grito de angústia ou de enlevo, Prema não sabia dizer.

"Ai, ai", ele gritou. Levantou as mãos para o céu e caiu de bruços, como que se prostrando diante de um santuário invisível.

"O que é isso? O que está acontecendo?" — perguntou Prema, assustada. Sem dúvida ele estava louco.

Niranjan levantou-se e olhou para ela. Estava louco, sim, mas louco de alegria. Seu rosto brilhava e ganhara uma expressão harmônica.

"Foi Ele; foi Ele!" — disse Niranjan, sem conseguir encontrar as palavras, como uma criança tão excitada e maravilhada que não pode explicar o que aconteceu.

"Foi quem?" — ela perguntou.

Ele apontou para o manuscrito e sussurrou: "Olhe".

Inclinando-se sobre a folha desbotada, mostrou-lhe a passagem onde ele havia naquela manhã riscado a palavra *carrego*. Não havia agora nenhuma marca ali e a palavra *dou*, que tinha sido escrita por cima, também havia desaparecido. A página estava clara, intacta, como se nenhuma correção jamais tivesse sido feita ali.

"'Eu carrego'", sussurrou Niranjan. "'Eu carrego'". E explodiu em lágrimas. "Perdoe-me, Senhor, perdoe-me!".

Prema compreendeu. "Era Ele!" — gritou ela. E, então, passando o braço em volta do seu esposo que chorava, ela disse, "Ele perdoou. Claramente, ele perdoou."

Eles não falaram durante várias horas. Ficaram no pátio, demasiado felizes e maravilhados para dizerem qualquer coisa que não fosse o nome do Senhor, que repetiam sem parar. Só quando o céu escureceu e a chuva começou a cair, pesada, é que eles se levantaram, entraram em casa e partilharam o alimento que o Senhor havia carregado para eles.

Ele perdoou.

Leia também da Editora Teosófica

A Criança Encantada

Uma história verdadeira sobre a criança que vive dentro de todos nós

C. Jinarajadasa

A Criança Encantada é uma parábola inspiradora escrita por um dos maiores teosofistas do século 20 e uma proposta social baseada na fraternidade e na vivência da dimensão espiritual.

Mostra como pode dar-se a transição da sociedade de hoje para a sociedade de amanhã, organizada em torno da prática do altruísmo e também como podemos nascer para a vida eterna sem abandonar o mundo concreto do dia-a-dia.

O estilo de C. Jinarajadasa é simples e profundo. Ele não faz jogo de palavras, mas fala diretamente ao coração.

A Vivência da Espiritualidade

Uma proposta prática ao alcance de todos

Shirley Nicholson

Que aspectos da sua vida podem mudar para melhor? De que modo isso poderia ocorrer?

Lendo ***A Vivência da Espiritualidade***, você terá sugestões para fazer seu próprio programa de ação espiritual na vida diária, envolvendo estudo, meditação, auto-aperfeiçoamento e serviço.

Este livro coloca ao alcance do cidadão do século 21 as práticas milenares do auto-exame, da disciplina com criatividade e da busca da sabedoria eterna. A vida de cada cidadão passa a fazer parte consciente, assim, do grande esquema de evolução espiritual da humanidade, que avança, clara e irreversivelmente, ao longo dos milênios.

Ocultismo, Semi-ocultismo e Pseudo-ocultismo

Annie Besant

Este livro é uma clara exposição sobre a verdadeira natureza do ocultismo, feita por uma mulher notável que esteve entre os grandes ocultistas do século 20.

Segundo Annie Besant, a prática de mágica e artes ocultas não é ocultismo, mas pseudo-ocultismo — uma grande perda de tempo e um obstáculo ao progresso espiritual.

O ocultismo tampouco é uma visão intelectual da realidade espiritual. Esta é semi-ocultismo. As tendências do intelecto à divisão devem ser transcendidas para que se possa perceber a Realidade Una. Contudo, o semi-ocultismo pode ser um degrau para a verdade.

O verdadeiro ocultismo é o estudo da Mente Divina operando no universo. É um chamado à percepção além das formas em direção à Realidade Interna. Ele envolve a transcendência do egoísmo e o desenvolvimento da natureza espiritual.